U0522701

## 《红色家庭档案——夏明翰一家五烈士》编委会

主　编：叶建军

副主编：张友明　秦清龙　蔡振武　庄劲旅　谭奕星

著　者：侯健康

红色家庭档案

# 夏明翰一家五烈士

叶建军 主编
湖南省档案馆 编
侯健康 著

岳麓书社·长沙

# 传承红色基因　汲取奋进力量

(《红色家庭档案》丛书总序)

湖南是中国共产党建党、建军、建政的重要策源地，奔流不息的湘江水，孕育滋养着伟人故里、将帅之乡、革命摇篮。2020年9月，习近平总书记考察湖南时指出：湖南是一方红色热土，大批共产党人在这片热土上谱写了感天动地的英雄壮歌，毛泽东、贺龙、夏明翰等满门英烈而初心不改，支撑他们视死如归、革命到底的是坚定的理想信念。要教育引导广大党员、干部发扬革命传统，传承红色基因，牢记初心使命，走好新时代长征路。

习近平总书记用"十步之内，必有芳草"高度评价湖南在中共党史上的重要地位。这片红色热土走出了一大批无产阶级革命家，10位开国元帅湖南有3位，10位开国大将湖南有6位，抗美援朝时中国人民志愿军5任司令员全部为湘籍将帅。中共一大召开时13位参会代表有4位湖南籍党员，全国58名早期党员中湖南占20名，党的七大选举产生的中央书记处"五大书记"湖南独占3人。这里发生了秋收起义、湘南起义、通道转兵等重大历史事件。

"寸土千滴红军血，一步一尊英雄躯"，湖南为中国革命胜利作出巨大牺牲、写就浴血荣光。据统计，自1927年到1949年间，全国有名可查的革命烈士有370多万人，湖南牺牲的革命烈士有20多万人，其中有名可查的有15万多人。抗美援朝战争中志愿军牺牲197653人，其中有湖南儿女11541人。平江一个当时人口不足50万人的县城，从1921年至1949年，全县先后有23万多人为革命牺牲，登记在册的烈士有21000多名；炎陵县策源乡梨树洲村，当年为了保护红军标语，全村的百姓都成了烈士……

档案记录历史、传承文明，记述着革命先辈的奋斗与牺牲，呈现着中国共产党人的情怀与使命，展示着中国百年的发展与巨变，因其独特的神秘性、可信度、吸引力，成为讲好红色故事、传承红色基因不可多得的珍贵宝藏。

为贯彻落实习近平总书记重要指示精神，湖南省档案馆利用湖南丰富的档案资源，与相关单位合作，于2022年3月开始启动，组织编写了《红色家庭档案》（毛泽东一家、贺龙一家、夏明翰一家）系列丛书。这三个家庭满门英烈，都为中国革命做出了重要贡献和重大牺牲。

毛泽东一家有6人为革命献出生命：1929年，小妹毛泽建英勇就义于湖南衡山县马庙坪，时年24岁；1930年，妻子杨开慧于长沙被国民党反动派杀害，时年29岁；1935年，幼弟毛泽覃在瑞金与国民党军英勇作战时不幸中弹，光荣牺牲，时年30岁；1943年，大弟毛泽民被敌人秘密杀害，时年47岁；1946年，侄子毛楚雄被国民党胡宗南部61师181团活埋于陕西宁陕县江口镇，时年19岁；1950年，儿子毛岸英在抗美援朝战争中壮烈牺牲于朝鲜，年仅28岁。贺龙的贺氏宗亲中有名有姓的烈士达2050位，贺龙的父亲贺士道1920年牺牲在桑植，弟弟贺文掌1920年在桑植被敌人活活蒸死，大姐贺英、二姐贺戊妹1933年牺牲在洞长湾，四妹贺满姑1928年牺牲在桑植校场坪，堂弟贺文新1928年为了向贺龙送紧急情报活活累死途中。贺龙在南昌起义中率领的1万多人的部队，有3000人是来自家乡的湘西子弟，他们中的许多人都光荣牺牲。夏明翰一家5名烈士为革命壮烈牺牲：铁血男儿夏明翰留下千古绝唱"砍头不要紧，只要主义真。杀了夏明翰，还有后来人"，四妹夏明衡、五弟夏明震、七弟夏明霹、外甥邬依庄，先后投身革命，并且都跟他一样铁骨铮铮。他们牺牲时年龄最大的28岁，最小的仅19岁。夏明翰不仅奉献了自己，还把亲人也奉献给了中国人民的解放事业……这些感人至深、可歌可泣的英雄故事，穿越时空，震撼心灵。这是理想信念的火种，也是革命精神的承载。读懂这些血与火的历史，就会更加深刻体会到什么是革命理想高于天，更加深切懂得红色政权来之不易、新中国来之不易、中国特色社会主义来之不易。

本丛书通过选取珍贵档案资料，重点阐述四个方面内容，回答"是什么、为什么、做什么、学什么"的问题，即书中人物出身于什么样的家庭、为什么会集体走上革命道路、为中国革命做出了什么重大贡献和重大牺牲，应该从他们身上学习什么优秀品质。写作手法上体现四个结合：一是原始档案与珍贵回忆相结合，以档案为主，适当引用权威人士的珍贵回忆资料。二是历史档案与感人故事相结合，重点选择体现个人追求、彰显优良品质、反映所做贡献、最后壮烈牺牲的相关档案及感人故事。三是整体与个体相结合，丛书分别以毛泽东、贺龙、夏明翰为主线，既从整体上介绍各自的家世渊源、反映走上革命道路的心路历程，又分别介绍每位英烈的情况，尤其是他们为中国革命所做的贡献与牺牲。四是传统与创新相结合，本丛书着眼打破传统出版物的框框，突出原始档案、讲述感人故事、精选珍贵回忆、采用夹叙夹议，彰显档案类图书的真实性、可读性、教育性。

"共和国是红色的，不能淡化这个颜色。"近年来，湖南省档案馆坚守"为党管档，为国守史，为民服务"的神圣职责，深入挖掘档案的历史价值和时代价值，生动讲述档案背后的故事，深刻阐释了"湖南为什么这样红"。我们将认真贯彻落实习近平总书记关于档案工作的重要指示批示精神，充分挖掘利用湖南红色档案资源，教育引导广大党员干部群众从党的光辉历史中汲取砥砺奋进的精神力量，将老一辈革命家开创并为之奋斗的事业不断推向前进，奋力谱写新时代坚持和发展中国特色社会主义的湖南新篇章。

叶建军<br>2023 年 10 月

# 目录

**第一章 家族渊源** ……………………………………… 1
 一 热土芳华育俊杰 …………………………………… 2
 二 家世渊源 …………………………………………… 8
 三 夏家一门耀蒸湘 …………………………………… 12

**第二章 革命源泉** ……………………………………… 23
 一 士子风骨的传承 …………………………………… 24
 二 时代的呼唤 ………………………………………… 26
 三 先进革命理论的传播 ……………………………… 30
 四 英雄母亲思想的熏陶 ……………………………… 35
 五 兄长榜样的引领 …………………………………… 37

**第三章 一门英烈** ……………………………………… 41
 一 夏明翰：只要主义真，殉身成千古 …………… 42
 二 夏明震：铁肩担道义，农运逞英豪 …………… 107
 三 夏明霹：血溅刑场路，唱响正气歌 …………… 132
 四 夏明衡：巾帼当豪杰，死亦为鬼雄 …………… 147
 五 邬依庄：继承先烈志，疆场后来人 …………… 161

**第四章 历史丰碑** ……………………………………… 167

## 第一章

### 家族渊源

一方水土养一方人。在湘楚山水的养育和湖湘文化的熏陶下，在先进理论的指引下，湖南出现了千古英烈夏明翰和衡阳夏家这个红色家庭。

中国历史上下五千年，疆域纵横千万里，孕育了伟大的中华文明，催生了博大精深的家族文化。

一方水土养一方人。在湘楚山水的养育和湖湘文化的熏陶下，在先进理论的指引下，湖南出现了千古英烈夏明翰和衡阳夏家这个红色家庭。

## 一　热土芳华育俊杰

**衡阳县礼梓山——夏明翰的家乡，山清水秀，人文昌盛。**

从衡阳市区向西北方向出发，沿衡邵、华常高速等道路前行五六十公里，就来到了一片山清水秀的村庄。这片村庄旁有一座"李子山"，因盛产李子而得名。此处山川灵秀，洌泉沃土赋予李子上佳的品质，据说李子曾被作为贡品上供朝廷，由此当地人改俗为雅，取"贡礼""桑梓"之意，把"李子山"改名为"礼梓山"，寓意"礼仪之乡"。礼梓山周围一带，就是革命先驱夏明翰烈士的家乡。

礼梓山山脚下鳞次栉比的民居中，有一座叫"合家堂"的大宅（俗称夏家大院）格外显眼。它坐北朝南，是土砖木结构，三面外墙青砖砌筑，大院二进六厢，共有房屋45间，呈现的是典型的清代湘南民居建筑风格。此宅始建于清乾隆年间，主人姓夏，名槐堂（字尚德），他就是夏明翰的曾祖父。大宅院前是一口清澈见底的水塘，周边是一片农田，禾苗青青，蝉鸣阵阵，一派田园风光。

第一章 家族渊源

夏明翰故居全景图

俯瞰故居

礼梓山只是一座小山，但它的水土却孕育了一代英烈夏明翰及其红色家庭。人的成长总是不可避免受到自然环境和人文环境的影响。夏明翰及其家庭的出现，与其栖息生存的那方热土有着密不可分的关系。

礼梓山所在的衡阳，为湖湘名邑，因地处南岳衡山之南而得名。西汉置酃县，治今衡阳市东酃湖旁，隋文帝开皇九年（589）设衡阳县，已有2000多年深厚历史文化的积淀。市区有石鼓山，宋人张元忭《游南岳记》说，其山"形如鼓，屹立于蒸、湘二水间。……而书院则唐隐士李宽读书处也。前为孔子燕居，其后为三贤祠。昌黎自山阳徙官江陵，尝过此留题，而朱、张两先生聚会于此最久"。市南有回雁峰，为南岳七十二峰之首，有雁不度此峰故名回雁的说法。市西北有石船山，乃明末清初大思想家、湖湘文化的开创者之一王夫之隐居之所。

《衡阳县志》记载：相传大禹寻求治水之策，来到衡阳县岣嵝峰，受到嫘祖启示，得金简玉牒，改堵为疏，万流归东，治水功成，泽被千秋万代；三国时蜀国尚书令刘巴诞生于衡阳县渣江镇，后与诸葛亮等五人"共造蜀科"，成为衡阳县最早的历史名人之一；宋时周敦颐常住衡阳讲学，参学悟道，写就《爱莲说》这一千古名篇，脍炙人口，至今为世人传诵。

悠久的历史文化，穿境而过的湘水，滋养着一批又一批优秀的衡湘儿女。王夫之、夏明翰等无疑是其中的杰出代表。

# 第一章 家族渊源

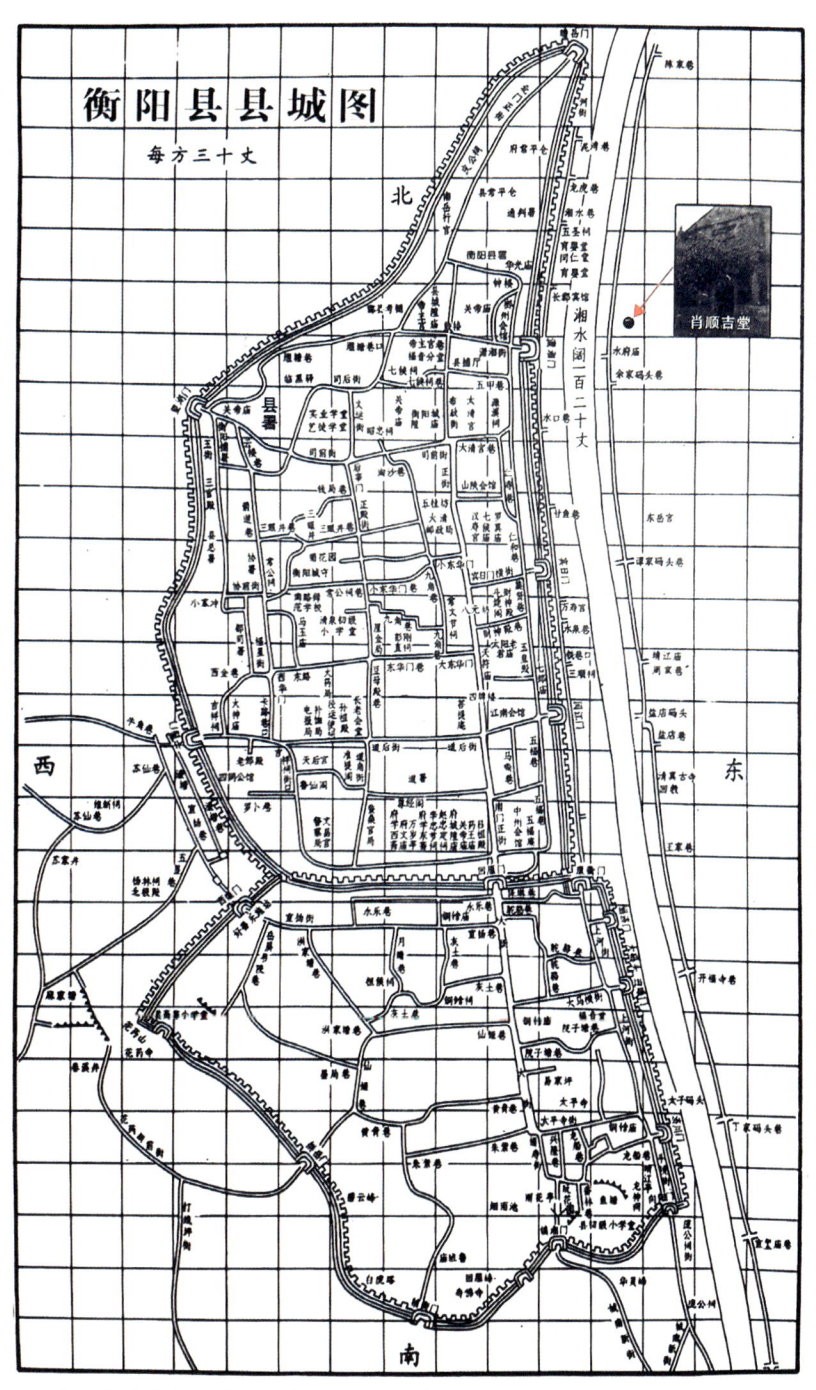

湘江中游湘水、蒸水、耒水合流之处便是古城衡阳。湘桂、京广铁路在此交会，北通京汉，南达广州，西连八桂。衡阳为湘南政治、经济、文化中心，湖湘文化的重要发源地之一

王夫之

湘西草堂

王夫之（1619—1692），字而农，号姜斋。因晚年栖伏于衡阳县西北金兰乡（今曲兰镇）的石船山，世称"船山先生"。其旧居湘西草堂与夏明翰故居相距不到10公里。他一生著述百余种，400多卷，800多万字。王夫之是儒家文化的集大成者和湖湘文化的开创者，与顾炎武、黄宗羲并称为明末清初的三大思想家，有学者把他与黑格尔并列为东西方哲学界的双子星。其"六经责我开生面"的创新精神和"经世致用"的哲学思想，对毛泽东、曾国藩等都产生过深远的影响。

　　船山先生作为乡贤，被衡阳人津津乐道，其忧国忧民的家国情怀，求真务实的创新精神等，对衡阳人有着潜移默化的影响。


　　夏明翰的出生地湖北省秭归县，是伟大的爱国主义诗人屈原和为巩固边塞和平作出突出贡献的王昭君的故乡。

　　夏明翰的出生地为父亲夏绍范居官的湖北省秭归县。秭归是世界

清末的归州城。1912年，归州改称秭归

文化名人、伟大的爱国主义诗人屈原和为巩固边塞和平作出突出贡献的王昭君的故乡。县名因屈原而来，《水经注》载："屈原有贤姊，闻原放逐，亦来归……因名曰秭归。""秭"由"姊"演变而来。秭归是一个有着7000多年人类居住史的历史文化名县，夏明翰在此生活了6年多，秭归深厚的人文底蕴滋润着他幼小的心灵，屈原沉江、王昭君出塞的感人故事在他心中播下了胸怀天下、取义成仁的种子。

在湖湘文化和荆楚文化的共同熏陶和孕育下，夏明翰和明震、明衡、明霹兄妹既继承了湖南人民明大义、敢担当、开生面的特质，又有着湖北人民朴诚、勇毅、刚强的秉性。湖湘文化代表人物周敦颐颂扬的莲花"出污泥而不染"之清正廉洁的品质，王船山"六经责我开生面"之使命感和创新精神，伟大的爱国主义诗人屈原"长太息以掩涕兮，哀民生之多艰"之忧国忧民的情怀，影响和激励着夏明翰兄妹从一个封建家庭走上革命道路。

## 二　家世渊源

衡阳夏氏家族始迁祖夏景芳，明洪武年间由赣入湘，来到衡阳郡城小西门外，其子夏继祖再迁居今衡阳县台源镇，繁衍生息。

《夏氏宗谱》记载，衡阳县夏氏，堂号会稽，故又称衡阳会稽堂夏氏。

会稽，即今浙江绍兴。据传夏氏之源有二：一是姒姓，为夏禹后裔，子孙以国为氏；一是妫姓，出自舜帝之后妫满的后裔陈国陈宣公之子子夏，子孙以名为氏。夏姓立姓后，一直在今河南、安徽一带发展繁衍。秦汉以后，夏姓开始向江浙等地播迁，至晋朝夏氏已成为浙江望族，最著名的郡望是会稽。为纪念先祖，后人以望立堂，遂以会稽为堂号，会稽堂成为夏姓最常见的堂号。

衡阳会稽堂夏氏一族，是由浙江迁居江西，再迁入衡阳的。五代末期有夏圣榜，号荣魁，曾任江右临江郡太守，后弃官归田，携眷由浙入赣，隐居于清江县。

元末明初，经过战争的蹂躏，很多地方包括湖南地区，人烟断绝、千里萧条。为尽快重建和恢复经济，明王朝采取了积极的移民政策，鼓励移民垦荒。据记载，当时出现了所谓"江西填湖广"的移民潮。

正是在这一历史背景下，夏圣榜的第13代孙夏景芳与弟景苔、景茀由江西迁居湖南。

夏景芳率眷来到衡阳郡城（今衡阳市），住小西门外易赖街做点小生意，发迹后再购置田产，居住在永伏乡延寿里（即现在三湖镇横江村）。其子夏继祖再由永伏乡迁至今台源镇。夏景芳乃衡阳夏氏的始迁祖，由赣入湘已有600余年，后裔遍布衡阳县内外。

由台源到礼梓山，始于夏云题，他在此娶妻生子，繁衍后代。夏云题乃夏明翰六世祖。

夏明翰堂弟夏明霍在《明翰家史》一文中这样介绍：

夏家是居住在衡阳县台源地区的一个大族，自明翰烈士上溯六代，这一族人中第三房有一个叫做夏云题的单身汉，迁居到衡阳县西面约六十里的礼梓地区，靠做零工为生。他身强体壮，做事踏实，但也吃得特别多。

有一次，他受雇于某户人家，一清早就去做工，还未进屋就听到雇主招呼他老婆，说今日请了工，要她早做饭。老婆问请的是谁，男人回答请的是夏云题，老婆说："请他呀，吃得好多。"夏云题听了就不再进去，等过了一会儿走了进去，借口有事推辞了这次雇用。

夏云题觉得受够了气，从此下决心不再卖零工，改行做破铜烂铁生意，由此渐渐过上了较好的生活，娶妻生子，繁衍后代。

云题生育四子，夏族的这一分支就有了"兰、桂、腾、芳"四房，或者叫做"大、二、三、满"四房，明翰就是第三房或叫腾公房的子孙。云题生腾公，腾公生清和，清和生槐堂，槐堂就是明翰烈士的曾祖父。槐堂有三子，即思潼、思涛、思沆，思沆乃夏明翰的祖父夏时济。思沆自幼好学，成绩优异，"学而优则仕"，入仕为官。其子夏绍范，字孝琪。绍范子明翰字桂。从夏云题迁居礼梓山，至夏明翰这一代，共有七代。

夏氏家族和千千万万中国传统家族一样，族规森严，治家严谨。夏氏祠堂中有家训共十则，涉及事父母、事长上、事师、求学、言行举止、婚祭丧葬、走亲访友、处世守身等诸多内容。家训集中体现了儒家文化的思想观念，如提倡孝道，尊师重教，"治家须勤俭，处事贵谦和"等，成为夏氏家族代代相传的道德规范和修养原则。

## 夏氏家训

一、事父母。自大舜至今，称孝子者，班班可考，步武甚难。吾不遽教汝以孝，而先教汝以顺：凡父母有命，不可违；教汝好言，当记忆不忘；教汝好事，当勉力而行；父母有事，不辞劳苦而代之；父母有恙，多方调治以安之；兄弟间，兄宽弟恭；夫妇间，夫唱妇随。能如此，则父母之心亦顺矣。

二、事长上。不但宗族父兄，凡年高有德皆是也。为幼辈者，当隅坐随行。有问，则起而对，言不可伪；有命，则承受惟谨，不可推诿；有物，必双手奉上。言语要和气，举动要安闲，不可轻躁。切莫如世间子弟，飞舞轻扬，荡弃规矩，为人背后讥笑也。

三、事师。盖人之身，亲生之、师成之者也。第一，要顺师之心。教汝念书，用心诵读；教汝写字，用心端楷；教汝讲书，用心理会；教汝作文，用心思想。书籍要完整，不可毁坏；几席要洁净，不可污秽；举止要端重，不可轻佻；言语要柔和，不可粗率。有过责之，必须顺受，不可心非，不可背毁。第二，要知师所难言之学。如至精之理、至妙之文，可以意会，而不能以言传者，师不能取弟之心而授之也，当静气凝神以悟之。第三，要知师所难言之事。如食性之爱憎、身体之寒暖及诸凡琐细不可明言处,为弟子者,悉宜会其意而奉之。

四、读书字眼要清,不可模糊,平仄要正,不可混淆,最忌强记过后即忘,此初学时事也。若到讲书作文时,第一,要精明书旨而默识于心。熟读古文时文,而运化其意。第二,要心静功纯。罗一峰先生曰:"人自闹时吾自静,不知春去岂知秋。"此诗可味。第三,要立志坚久。寒暑也只如此学,贫困也只如此学,不到发达不止。汤霍林先生曰:"从来卿相苦中亨。"

五、朋友乃进德修业之助,一时投合,终身以之,故其始交也不可不慎,必于未交之前,访问审择,实见其言行学问,有胜于我者,然后与之为友。于居常聚处及宴会、游观之日,不可彰人短,不可矜己长,毋谈人闺阃,毋发人隐私。至于规过劝善,必尽心而善言之,或书旨未明奥义,未达彼此,共相阐发。然诺不失信,交际不论财,而友道得矣。

六、行坐服食威仪者,身之法度,德之廉隅。古人八岁入小学,教以洒扫应对进退之节,礼乐射御书数之文,故其时后生小子,威仪容貌,习若性成。今人但知教以读书,于礼节则略而不讲,何哉?孔子曰:"君子不重则不威,学则不固。"盖言威仪之不可不谨也。《礼》内则云:"手容恭,足容重,目容端,口容止,声容静,头容直,气容肃,立容德,色容庄。"燕居之时且然,而况先生长者之前,宾朋往来之际乎?礼节委曲不可胜数,且举汝所易晓者言之。行不可回头掉臂,亦不可摇摆,遇亲友辄拱揖,遇长者辄随行,遇美色不可淫视,坐贵端庄凝静,膝不可动摇,足不可箕踞,与人并坐,不可横肱,立必两足整齐,不可偏任一足作跛倚之状,不可中门而立,不可与长辈并立、对立,所以远不敬也。冠服必须端正,与人同食,箸不可先举,亦不可先放,物必取小,食必留余,饮茶酒不可流歠,凡在席间,不可言某物可口,某物不可口。

七、婚祭丧葬,悉宜遵文公家礼。虽有贫乏力不能举者,而大节所在断不可缺。至浮屠治丧，世俗相沿，锢蔽已久，甚难遽革。为父母者当以治命，戒作佛事，其子孙自可恪遵，否则人或有讥其薄于待亲者矣。

八、访朋友。凡到人家，将上堂，声必扬，恐有内眷，令其知避，先问某人在家否，若无将命之人，闻女人问答，即转身趋出，不可滞留。若朋友在家留坐，笑语瞻视，不可任情无忌，至伤雅道。

九、处贫。贫乃士之常耳，不可怨天，不可尤人。不可因贫而取非义之财，不可因贫而为下贱之事，不可因贫而鄙视乎已，不可因贫而废弃其学。贫愈甚而学宜愈笃，守宜愈坚，自然甘自苦生，福自德来也。

十、守身。存心常正直，作事必端方。治家须勤俭，处世贵谦和。事上忠以敬，待下恕以宽。拂意之时须忍耐，快心之日莫猖狂。见人之得毋妒忌，见人之有莫贪求。诸恶孽中淫最大，不可萌邪心，飞潜动植皆无罪，无故不可杀。此独善其身之事也，若欲兼善天下，还有大学问、大事业在，儿孙当自勉焉。

## 三　夏家一门耀蒸湘

自明翰的曾祖父夏槐堂在礼梓山建造"合家堂"后，夏家便在这里扎下根来，耕读为家，其子孙通过科举考取了功名，夏家成为当地名副其实的书香世家、名门望族。

夏时济博学多才，以书礼治家，不容子弟纨绔，以"要将有食思无食，莫把无钱当有钱"教育子孙。其官僚绅士的地位，对夏明翰的革命活动起过积极的作用。

夏时济（1852—1923）

明翰的祖父夏时济，字思沆，30岁考中举人，40岁时中进士。清光绪年间历任户部主事、江南候补道员，江西淮盐督销总局总办、两江营务处总理。以夏时济的出仕为标志，夏氏家族迈入"高光"时刻。按照清朝恩荫惯例，时济祖父以下多人受到清廷诰封，夏槐堂被诰封为中宪大夫、正四品衔，可谓荣耀一时。

夏时济是一位典型的封建士大夫，为官数十载，但他洁身自守，一生不置产业，不贪钱财。辛亥革命时寓居上海，晚年率全家老少数十人回到衡阳，租住江东岸肖顺吉堂，生活靠祖遗的田产维持，是衡阳名望颇高的官僚绅士。

夏时济博学多才，工诗词歌赋，涉猎天文、历史、地理、军事、文学、司法诸学科。撰述宏富，著有《易经注疏》《诗经笺》《环猿馆文集》《天文新说》等，总计约160卷。

辛亥革命后，丢了官的夏时济1912年携家眷回到衡阳，与长子绍箕同居。夏时济有个优点，就是不贪钱，无论在清廷为官还是在乡家居，凡遇有人因事找他，送给他钱物，他不仅立即拒收，还说对方瞧不起人，当面痛骂一顿。因此他做官几十年，没有置过一点产业，回乡时，别人在外做着大官小官的，都在江东岸置有房屋和田地，只他一家是租赁房屋居住。

毛泽东在长沙发起"驱张（敬尧）运动"，委派何叔衡拜访夏时济，争取他对驱张运动的支持。夏时济积极响应，第一个签名，与数十位社会名流和商绅一起，向北洋政府呈文要求查办张敬尧，向全国发出声援驱张通电，对驱张斗争的胜利发挥了作用。

在抵制日货运动中，夏时济接受湘南学联的邀请和社会各界的推选，出任国货维持会会长，推动了衡阳"维持国货，抵制日货"运动的开展。

夏时济的这些爱国行为，已被载入史书。

《中国共产党湖南历史》第一卷载："1920年3月，何叔衡到衡阳，加强驻衡驱张代表团的领导。驻衡驱张代表团与衡阳学生联合会夏明翰、蒋先云等联合，调查了张敬尧勾结美国慎昌洋行太平实业公司拍卖水口山矿产以饱私囊的罪行，并利用直皖两系军阀矛盾，向驻衡阳的直系军阀吴佩孚请愿，请求援助驱张。又通过夏明翰的祖父夏时济联络衡阳绅商向北洋政府呈文，查办张敬尧。""1920年3月，他（何叔衡）以湖南公民代表身份参加赴衡驱张代表团，联合湘南各界人士召开驱张运动大会，鼓动'驱张'。多次登门动员夏明翰的祖父夏时济领衔，联合湘南各界知名人士发表'驱张'请愿电文，要求吴佩孚撤兵逼张。"[1]

《中国共产党衡阳历史》这样记载：五四运动爆发后，湘南学联"还成功地与社会各界联合一致进行了以抵制日货为中心的反帝斗争。他们与社会各界爱国人士组成国货维持会，推举夏明翰的祖父夏时济为会长。坚决抵制日货，维护国货"[2]。

夏绍范去世后，夏时济更多地承担起培养教育明翰兄妹的责

---

[1] 中共湖南省委党史研究院：《中国共产党湖南历史 第一卷（1921—1979）》上册，中共党史出版社，2019，第41、65—66页。
[2] 中共衡阳市委党史研究室：《中国共产党衡阳历史 第一卷（1921—1949）》，中共党史出版社，2007，第27—28页。

第一章 家族渊源

夏时济书法作品

任。他不苟言笑，教子严谨，素以书礼治家，不容子弟纨绔，对子孙后代要求近乎苛刻。他常用"要将有食思无食，莫把无钱当有钱"这两句话教育子孙。在10多个孙儿中，他最中意小明翰，从小就教他读《三字经》《千字文》，寄予厚望。

夏明翰参加革命活动，夏时济开始并没有反对，而且暗地予以支持，后因明翰言论激烈，所作所为声势浩大，有人向夏时济告状，引起了夏时济的重视，他担心明翰闹出更大乱子，才予以制止。

夏明翰在家时，曾对祖父说："现在中国的国家和人民，受着帝国主义和封建势力的双重压迫，屈订不平等条约，丧权辱国，一些贪官污吏鱼肉人民，弄得民不聊生。现在人民有了觉悟，工人起来罢工，农民也有了组织，反抗势力日益强盛，你应该认清形势，千万不要做劣绅，不要过问地方上的事情。你如果不听我的话，将来会吃大亏，不仅别人要打倒你，就是我们青年的一代，也会起来进行家庭革命。"夏时济觉得他说的话是有些道理，从此便不常到外面去，终日坐在家中，无事时拉拉胡琴，高声朗诵古诗词，每当夏季，便叫几个小孙子抬着竹床，坐在门口吹风乘凉，颐养天年。

夏时济是一个正直爱国的知识分子，其严明的家教家风和渊博的知识对后代产生了不小的影响。但他毕竟是一个旧式的官僚士大夫，在变革的时代显得思想僵化。夏时济很喜欢夏明翰，厚爱有加，亲自课以诗书，期望他成为"书香门第"的继承人。然而夏明翰生性刚强，酷爱新生事物，形成了一副反封建礼教的骨头，他不喜欢祖父头上的长辫子，不喜欢祖父每天摇头晃脑地教他"子曰诗云"，更不喜欢跟着祖父到孔庙虔诚礼拜，或带他去官场宴会当众吟诗作赋。祖孙观点不一，矛盾渐深。这也成为夏明翰脱离家庭、走上革命道路的一个重要原因。

外祖父陈嘉言曾任漳州知府，治理水患，办新学，创办漳郡教育讲习所，有声有色；治漳九年，两袖清风，颇具政绩。夏明翰自幼立

**志：做官就做外公这样的清官好官。**

陈嘉言（1851—1934），字梅生，湖南衡东人。清光绪八年（1882）参加乡试得第一名解元。光绪十五年（1889）进士及第后，授翰林院编修、江南道监察御史等职。光绪二十九年（1903）任福建漳州知府。

陈嘉言治漳8年，颇有政绩。漳州地属冲积平原，水系发达，水患频繁。陈嘉言说服地方绅士，捐银筹款，发动民众，大兴水利工程，筑岸防潮，设闸防涝，修渠、港、陂、塘、埭、圳等以防旱，终于成功治理水患。陈嘉言废科举，办新学，把芝山书院改为漳州府中学堂。创办漳郡教育讲习所，实施教育改革，使漳郡的教育由私塾旧制向学堂新制转变，为漳州教育开辟了一片崭新的天地。

陈嘉言历官数十载，清正廉洁。他去职返湘时一贫如洗，万般无奈，忍痛把两个爱女送孙宗蔡、蔡平甫两位士绅，而孙、蔡不忍，各赠400两银元作陈回家盘缠。陈氏因赋诗《离任福建漳州知府》道："莅位九州越十年，愧无德政慰先贤。清风两袖常随我，不负闾阎

陈嘉言及其所书楹联

漳郡教育讲习所第一班毕业典礼（前排右五为陈嘉言）

不负天。"

1914年，陈嘉言受聘国史馆编纂，时袁世凯阴谋称帝，遣人以重金请他写"劝进"文，他严词拒绝。后陈嘉言被湖南省推举为国会议员。晚年回湘主持衡阳船山书院，1934年4月20日病逝，享年83岁。

夏明翰虽与外祖父陈嘉言不是生活在一起，而且见的机会较少，但对外祖父的官声和政绩多有耳闻。他从小立志向外祖父学习，假如做官就做外祖父这样清正廉洁的官，做一心为民办实事的好官。

夏明翰继承了祖父的渊博，也传承了外祖父的风骨。

父亲夏绍范向往民主科学，堪称开明绅士。母亲陈云凤知书达理，追求正义，是明翰兄妹毅然投身革命的坚定支持者。

明翰的父亲夏绍范（1869—1914），字孝琪，以优贡入仕，曾任湖北归州知州。1903年被清廷派赴日本，考察政务。回国后，他撰写了《日本官职志》《东游笔记》等著作，介绍日本明治维新盛况，鼓吹民主政治。历任宜昌川盐总局专办、宜昌船关总办、高等审判厅民庭推事，托意于《崇阳公牍时务丛编》，言志于《离经南溟诗稿》，企望自己能干一番有益于国家和民族的事业，是一个阅深历广、不墨守成规的地方官员。

辛亥革命后，夏绍范主动归附革命，热心服务新政。湖北军政府成立，夏绍范发动宜昌官僚绅士捐赠银资数千两，以示相助。并利用舆论宣传阵地，撰写数篇声援革命党人的文章，堪称开明绅士。后因病不幸英年早逝，享年45岁。

夏绍范共有10个子女，6男4女：明玮（长女）、明翥（长子）、明翼（次子）、明翰（三子）、明衡（次女）、明珰（三女）、明瑜（四女）、明震（四子）、明霹（五子）、明霁（六子）。除明震外，其余9人，均系陈云凤所生。

族谱对夏绍范的记载

明翰的母亲——陈云凤

夏明翰的母亲陈云凤（1870—1946），字笺筠，晚年自号衡岳老人，1870年2月出生于衡山县荆花乡（今衡东县城关镇）鹤桥村，是陈嘉言的大女儿。丈夫夏绍范被封资政大夫，授三品衔，她被赐封诰命夫人。

陈云凤幼承家学，聪慧过人，尤精于诗词。陈云凤年少时父亲陈嘉言在外做官，她和母亲留在家乡，说服母亲摒弃"女子无才便是德"的旧观念，进入学馆念书。18岁出嫁时，她不要嫁妆，在父亲的书房里选了两箱子书带到婆家。夏绍范在湖北做官，她带着几个年幼的孩子伴随左右。

夏时济去世后，陈云凤自赁民屋居住，后来，又带着小儿子长期住在湖南衡阳乡下祖屋，粗茶淡饭，荆钗布裙，以教课糊口，辅以典

陈云凤在"合家堂"的卧室

质。她直接投入儿女的事业，完成了从诰命夫人到革命母亲的转变，夏家成为革命据点。1922年，衡阳爆发妇女争取选举权的斗争，陈云凤被选为县议会议员，成为衡阳县历史上第一个参政的女性。1927年5月28日，即衡阳沁日事变第二天，共产党的秘密善后会议就在夏家召开。

大革命中，陈云凤有6个儿女参加革命。国共合作破裂，夏家几次被抄，4个儿女同在1928年牺牲。晚年的陈云凤过着十分清苦的生活，但她依然保持高风亮节，拒不接受国民党当局的文钱粒粟。1944年，当国民党衡阳驻军与日寇苦战的时候，老人不计家仇，以国家民族利益为重，不顾74岁高龄，奔走呼号为抗日将士募捐，鼓励青壮年共赴国难。

陈云凤一生吟咏不辍，晚年自辑文集一卷，诗词《衡阳吟咏》《严余吟》二卷，编订丈夫夏绍范《离经南溟诗稿》一卷，均因抗战爆发未能付梓。

夏家以诗文著名者还有不少。夏明翰的叔父夏绍笙是衡州府第一名附生，曾任安徽候补道，清诰授资政大夫。夏绍笙一生不愿做官，幼承家学，专攻诗文，从师湘潭王闿运有年，熏陶既久，诗如所尚，著有《绮秋阁集》等。夏绍笙写的一首言志诗至今为后人所称颂："沛生霖雨启新苗，沧海浮槎志未消。几回金台鞭朔马，数行红粉话南朝。美人从古含幽恨，芳草而今锁霸桥。豪气如君小天下，欲横书剑插青霄。"

夏绍笙最著名的作品是长诗《国花歌》。民国初年定梅花为国花，国民党元老于右任与夏绍笙关系甚好，便约他写下了这首《国花歌》，于右任审阅后大加赞赏，特邀夏绍笙全家在南京住了一年多。民国成立后，夏绍笙息影衡阳江东岸寓所，以教子女做诗填词自适。

夏绍笙妻洪砚珠，江苏广陵人，出身书香世家，善诗文。其诗冷香幽艳，有如芙蓉照日，而七绝尤工，著有《丽春楼诗选》等。

民国初年，张翰仪编撰《湘雅摭残》18卷，共收录湖南近代诗人630余家，夏时济一家占4位，这4位诗人分别是夏时济、夏绍范、夏绍笙、洪砚珠。

夏绍笙《绮秋阁乐府》

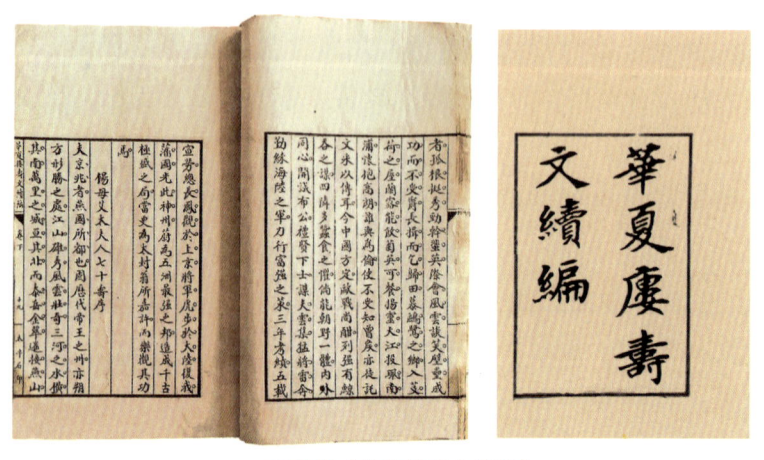

夏绍笙《华夏楼寿文续编》

第二章

## 革命源泉

夏明翰兄妹出生和成长于一个士大夫家庭,在夏明翰的带领下,他们挑起了挽救民族危亡、为百姓谋幸福的重担,勇当时代的弄潮儿。

## 一　士子风骨的传承

中国传统士大夫具有忧国忧民、不为五斗米折腰等精神特质。夏明翰就出生和成长于这样一个士大夫家庭，从小接受了士子风骨家国情怀的熏陶。

士大夫是中国历史上一个特殊的阶层，忧国忧民、不为五斗米折腰等是其主要精神特质，立德、立功、立言是他们的最高追求。从文天祥"人生自古谁无死，留取丹心照汗青"的豪迈悲壮，到范仲淹"先天下之忧而忧，后天下之乐而乐"的家国情怀，从杜甫"安得广厦千万间，大庇天下寒士俱欢颜……何时眼前突兀见此屋，吾庐独破受冻死亦足！"的民本思想，到陆游的"王师北定中原日，家祭无忘告乃翁"的疆域意识，无一不是这种精神特质的流露和彰显。

夏明翰兄妹所处的家庭就是这样一个封建士大夫家庭。

祖父夏时济知识渊博，撰述宏富，是衡阳名望颇高的官僚绅

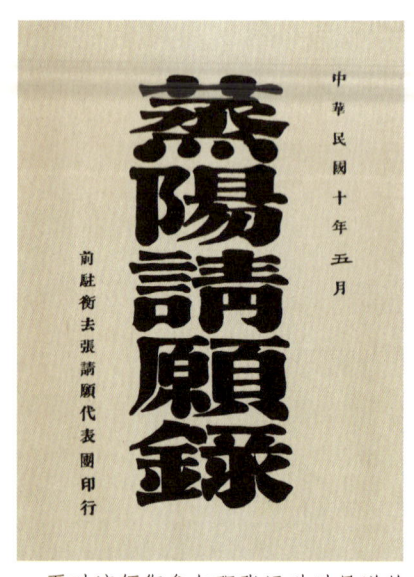

夏时济领衔参与驱张运动时呈送的
《蒸阳请愿录》封面

第二章 革命源泉

夏家私塾让孩子们从小接受了良好的文化教育

士。素以书礼治家，不容子弟纨绔，期望儿孙成为"书香门第"的继承人，走士子救国的道路。

父亲夏绍范，年少勤奋好学，志在报效国家。辛亥革命后，他拥护孙中山先生倡导的"三民主义"，追求民主科学，热心服务新政。

夏明翰善于利用封建士大夫家庭特别是爷爷夏时济的社会地位和社会关系推动革命。在驱张运动中，他带领何叔衡拜访爷爷，促成夏时济带头第一个签名，向全国发出驱张通电；在抵制日货运动中，夏时济出任国货维持会会长，促进了衡阳"维持国货、抵制日货"运动的迅猛发展。

夏时济、夏绍范父子都是正直爱国的知识分子，他们无疑对后代人知识的积累、品行性格的养成，产生过积极的影响。

## 二　时代的呼唤

国家遭受列强侵略，人民备受苦难，这一切激起了有志青年对黑暗统治的强烈不满。他们挑起了挽救民族危亡、为百姓谋幸福的重担，勇当时代的弄潮儿。

1840年鸦片战争后，西方列强入侵，中国进入半殖民地半封建社会，开始了百余年的屈辱史。在湖南这块土地上，随着1899年岳州的开埠（海关在城陵矶），"洞庭湖的闸门"被强行打开了。1904年7月，长沙开埠，帝国主义势力大规模侵入湖南，争相在长沙设立领事馆。从此，湖南的海关、邮政、航运相继落入西方列强手中，反帝反封建成为当时社会的主要诉求。一批又一批的爱国仁人志士前赴后继，争取民族独立和解放，寻求救国救民的道路。近代以来，湖湘大地是许许多多追求进步、探索革命道路的英雄豪杰风云际会的一方热土。

夏明翰与明衡、明震、明霹四兄妹均出生并成长于这个民族灾难深重的时代。他们目睹了帝国主义在中国大地犯下的滔滔罪行、广大劳苦大众悲惨的命运和痛苦的生活，这一切激发了他们对劳苦大众的

岳州海关

日本驻长沙领事馆

深刻同情，激起了他们对封建主义和帝国主义黑暗统治的强烈不满，唤起了他们对国家的责任感。他们立志寻求救国济民的道路，投身到反帝反封建的火热斗争之中，成为时代的弄潮儿。

随着年龄的增长，明翰兄妹接触社会的机会也逐渐增多，亲眼看到民众惨遭军阀混战之苦，饱受兵匪搜刮之痛，更产生了推翻军阀反动统治的强烈愿望。当时的《湘报》这样描述军阀连年的战祸给衡阳地区带来的灾难："岁余以来，南北五陷五复，往来十荡十决，战火所及，血肉横飞；戎马一经，闾里皆墟，商业凋残，士民流离，田园荒芜，学校蔓草。"广大人民群众生活在水深火热之中，衡阳的社会状况在这样一首诗歌中得到了反映："白骨森森泪成河，衡阳处处孤儿多。野老吞声忆故亲，游魂飘渺有几何？"

青少年时期的夏家兄妹，目睹人间的不平，痛恨当时社会的黑暗，渐渐在心中萌生了革命的思想。

然而，正如千千万万正直的爱国知识分子一样，他们虽然对现实强烈不满，积极投身反帝反封建的伟大斗争，极希望改变这个社会，但由于没有先进理论的指导，很多时候往往是空有一腔报国热情，不知道如何达到预期的目的。他们探索、奋斗、迷茫、彷徨，热切地寻求救国济民的真理。

陈云凤携明翰乘外国轮船由武汉去九江，在船上，小明翰作诗一首："洋船水上漂，洋旗空中飘。洋人逞淫威，国耻恨难消。"痛斥帝国主义的侵略行径。图为停泊在长江码头的外国轮船

铁路工人在把头监视下劳动

## 第二章 革命源泉

20世纪初期，湖南水旱自然灾害频频发生，使本已贫困潦倒的民众生活雪上加霜

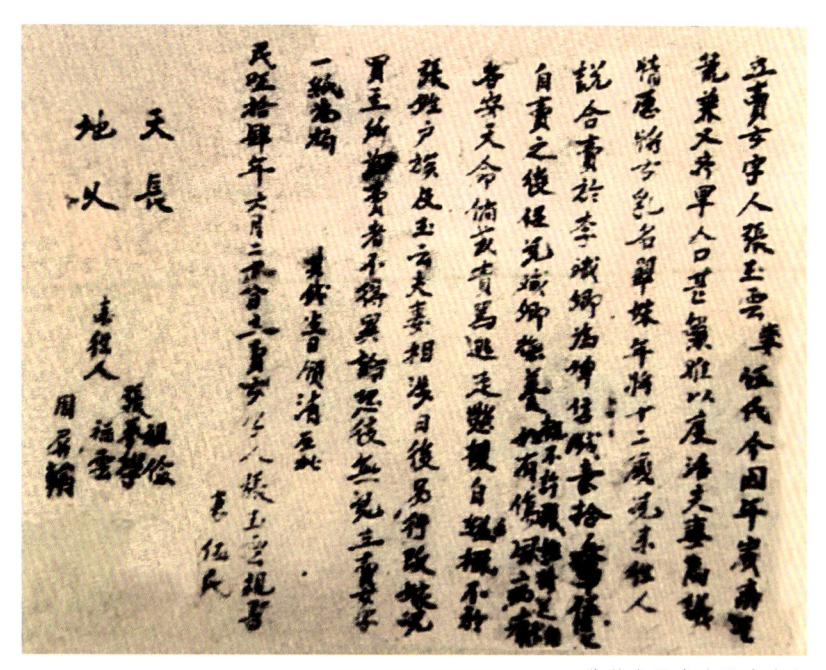

贫苦农民卖女的卖身契

## 三 先进革命理论的传播

五四运动爆发后的第四天,在北京直接参加五四运动的湘南学生邓中夏、廖书仓等人就把运动的详情传到衡阳,播撒了马克思主义的火种。

俄国十月革命一声惊雷,马克思主义的光芒朗照全球、照耀中国。交通便利、人杰地灵的衡阳成为马克思主义火种在中国传播最早的地区之一。正在救国救民道路上苦苦追寻的明翰兄妹和千千万万有志青年一样,如饥似渴地吮吸着真理的甘露,从此在马克思主义先进理论的指引下,踏上了革命的征程。

《端风》杂志

马克思主义在衡阳的传播是以新文化运动为基础的。1918年1月,在武昌外国语专门学校读书的衡阳新城学生廖焕星,受陈独秀、李大钊的影响,寒假期间联合衡阳学界人士发起组织了新城端风团,这标志着衡阳新文化运动的开始。12月,该社团创办了以"革新""改造"为宗旨的《端风》杂志,为马克思主义在衡阳的传播开辟了道路,吹响了第一声号角,为衡阳人民接受马克思主义和进步思想打开了一扇窗口。

五四运动之后,衡阳学生运动高涨,衡阳学界在夏明翰、蒋先云、黄静源的组织和领导下,成立了湘南学生联合会,夏明翰曾任湘南学联总干事,明衡、明震、明霹均为学联成员。之后,各种进步学生团体纷纷建立,包括"学友互助会""心社""马氏学说研究会"等。这些团体,均出版发行各种进步刊物。湘南学生联合会出版发行过《湘南学生联合会周刊》《湘南学报》《湘南学生》等。这些刊物宣传马克思主义,宣传反帝反封建思想,宣传新文化、新思想,推动了衡阳"驱张"等爱国运动的蓬勃兴起,极大促进了人们的迅速觉悟。

第二章 革命源泉

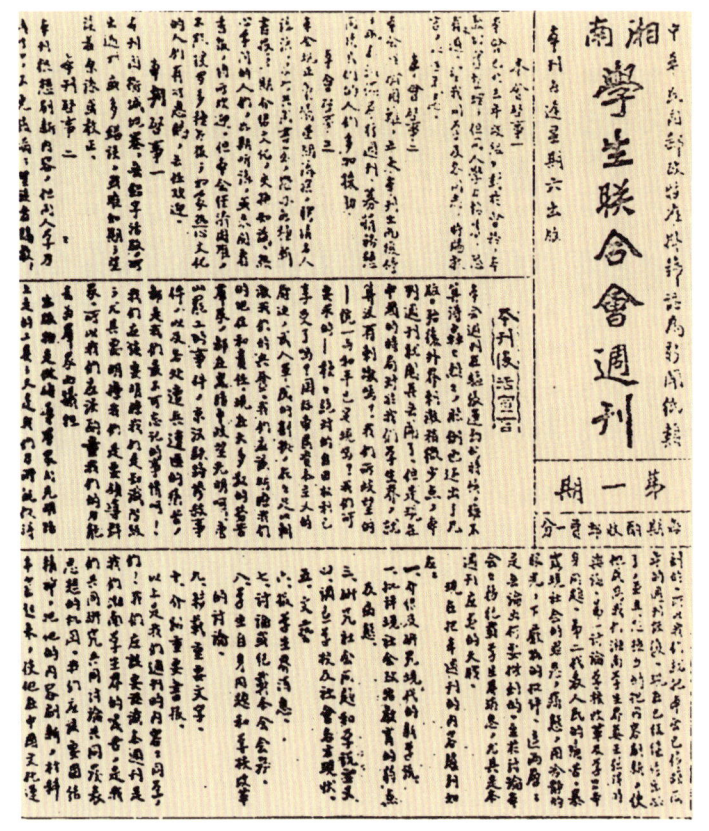

《湘南学生联合会周刊》阐明湘南学生联合会的宗旨，及时报道爱国学生运动的情况，进一步宣传新文化、新思想

　　毛泽东、何叔衡、邓中夏等革命家曾多次亲临衡阳宣传马克思主义思想。夏明翰两次陪同毛泽东来到衡阳，传播马克思主义，在湖南三师建立起湘南地区第一个党小组。

　　马克思主义在衡阳的传播，主要通过以下三种形式进行。一是衡阳的各种进步社团组织各种活动，创办出版物。二是各种机构售卖新书报刊。新书报的贩卖始于衡阳宝华书局。之后，衡阳各学校也纷纷成立机构，售卖《新青年》《湘江评论》《共产主义ABC》《共产党宣言》等宣传马克思主义的书刊。三是早期革命活动家来衡演讲和发表文章，加速衡阳人对马克思主义的接受和运用。来衡阳的革命活动家如毛泽夏明翰在校读书期间，接受了新文化、新思想的影响。他在同盟会会员、体育教师邱海岚的帮助下，联络湖南省立第三师范蒋先云等进步同学，成立了革命社团"心社"，它是衡阳青年学生中最早的革命团体。这是长沙《大公报》关于"心社"情况的报道

东、邓中夏、何叔衡、李维汉、李达、恽代英等都发表过演讲，宣传马克思主义。

马克思主义在衡阳的传播，最初是在思想最为活跃的青年学生中开展。当时在衡阳湖南省立第三甲种工业学校就读的明翰等人，首先受到了马克思主义思想的洗礼，马克思主义成为他们解决社会现实问题的指南。他们积极组织和参与学生运动，并逐步开辟了将之与正在兴起的工农运动相结合的道路，在斗争实践中逐步锻炼成长为学运、工运、农运的骨干和领袖。

第二章 革命源泉

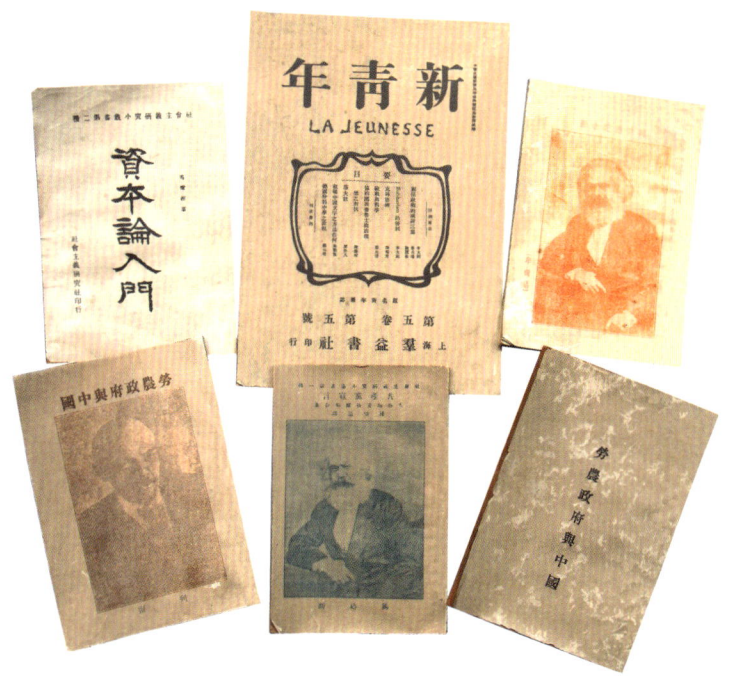

毛泽东在长沙创办文化书社，主要目的是向广大青年和社会进步人士介绍新书报刊，传播马克思主义。文化书社还在衡阳、平江、浏阳等地设立分社。这是长沙文化书社出售的部分进步书刊

邓中夏（1894—1933），原名隆渤，字仲澥，湖南宜章人。中国无产阶级革命家，中国早期工人运动领导人

何叔衡（1876—1935），字玉衡，号琥璜，出身于湖南省宁乡县一个农民家庭。无产阶级革命家，中共一大代表

1920年1月9日，夏明翰、蒋先云等在省立三师教师彭粹夫的指导下，组织策划了衡阳学界的反日游行示威，这是媒体对这一事件的报道

1923年3月27日，是日本租借我国旅顺、大连期满之日，而日本拒绝归还。郭亮、夏明翰等共产党员，发动长沙人民举行收回旅大的示威游行，并以湖南工团联合会、学生联合会为主体，联合其他合法团体成立"湖南外交后援会"，开展反日斗争

## 四 英雄母亲思想的熏陶

母亲陈云凤支持儿女一个个走上革命道路。孩子们牺牲后,她强忍悲痛劝慰家人:"雁断何须添烦忧,自有旌旗映红楼。"毛泽东由衷地赞叹道:"夏明翰有一位好母亲!"

爱子莫如母。苏联作家高尔基说:"世界上的一切光荣和骄傲,都来自母亲。"夏明翰、夏明衡、夏明震、夏明霹四兄妹能够走上革命的道路,离不开一位大仁大爱大义的母亲的支持。毛泽东赞叹道:"夏明翰有一位好母亲!"最高人民法院原院长、原中共中央顾问委员会常委江华也由衷地称赞夏明翰的母亲陈云凤:"她真是一位英雄母亲!"

夏明翰的母亲陈云凤追求真理,博学多才,正直刚毅,教子有方,是一位颇具传奇色彩的潇湘女杰。在担任衡阳县议会议员期间,曾公开倡言:"今日之中国,军阀混战,万民涂炭,沉疴痼疾,非共产主义莫可医也!"受到诽谤责难,竟被撤销议员之职。

1914年,明翰的父亲夏绍范英年早逝。陈云凤强忍悲痛,携儿带女返回湖南衡阳江东岸,暂居公公夏时济租住的肖顺吉堂。陈云凤常常把孩子们招至膝下,绘声绘色地给他们讲述越王勾践卧薪尝胆、祖逖闻鸡起舞、范仲淹以天下为己任、岳飞精忠报国抗击金兵、文天祥留取丹心照汗青、戚继光抗击倭寇等古代爱国志士和民族英雄的故事,循循诱导孩子们从小立下报国之志,准备长大后担负起天下兴亡的责任。

身教重于言教。陈云凤不但教育子女献身革命,而且身体力行,站到革命斗争的第一线。1923年5月,日本商轮"武陵"号开进长沙港,6月1日,与湖南外交后援会的调查员及民众发生冲突。停泊在长沙的日舰制造了震惊中外的流血惨案。明衡、明震和明霹组织湘南学联学生及上千名工农士商游行示威,强烈抗议日寇暴行,要求政府当局严惩日本强盗。陈云凤谢绝亲友的劝告,抱病上街游行。她还利用县议会议员的合法身份,掩护子女及黄静源、陈芬、

1912年夏明翰全家由江西回到衡阳，暂居在衡阳江东岸肖顺吉堂，图为肖顺吉堂旧址

毛泽建等共产党人的革命活动，为他们提供多方面的便利。1927年5月25日，驻衡湘军第三团团长俞业裕宣布成立衡阳警备司令部，并自封为警备司令。5月27日，俞业裕、衡阳县长徐方济、士绅廖隽山等按事先预谋，在反动师长李抱冰的支持下，强行解散农民自卫总队，并捣毁和封闭革命学校和革命团体，大肆搜捕屠杀共产党人、工会农会干部及革命群众。27日为"沁日"，这一事变被称为沁日事变。事变发生后的第二天，江东各学校地下党善后会议就在陈云凤家召开。

当夏明翰与爷爷夏时济立场观点分歧、矛盾日益加深之时，陈云凤毅然支持明翰脱离家庭，投身革命。待子女陆续成年后，又将他们一个个送上革命的道路。在母亲的教育和影响下，4个子女相继加入了中国共产党，成为学运、农运和工运的骨干分子。

轰轰烈烈的大革命失败后，在白色恐怖笼罩中华大地的1928年，明霹、明震、明翰、明衡相继壮烈牺牲。噩耗接二连三传来，陈云凤强忍悲痛劝慰家人："雁断何须添烦忧，自有旌旗映红楼。好护瑶琴弹旧曲，莫将凤纸写离愁。"她把与国民党反动派的血海深仇埋藏在心里，对革命充满信心。她迁回衡阳老家礼梓山，拿出全部积蓄，在王船山故居湘西草堂附近建了一座学堂，培养革命的"后来人"。

## 五 兄长榜样的引领

**夏明翰经常带一些进步书籍给弟妹们阅读，引导四弟明震加入中国共产党，把明震和五弟明霹送往广州和武昌农民运动讲习所学习，指导妹妹明衡开展妇女运动。**

夏明翰在兄弟中排行第三。家中老大夏明翥在国民政府谋得一份差事，曾任某县县长。老二夏明翼加入国民党，担任军职，1949年随国民党部队逃往台湾。而排行老三的夏明翰，从小在母亲的教育下，具有坚定的信仰和顽强的意志，对弟妹们投身革命发挥了榜样引领作用。

夏明翰选择了与兄长们不同的人生道路，1921年加入中国共产党，以"国家兴亡，匹夫有责"的勇气和担当，积极投身反帝反封建的伟大斗争，在青年时代就成为我党早期的重要领导人，为中共党组织的建设和伟大的共产主义事业立下不可磨灭的功勋。

在日常生活中，夏明翰谨遵母亲的教导，除了在生活上给予弟妹们无微不至的关怀外，更在思想上引导他们树立良好的品行，读好书，走正道，服务人民，报效祖国。

夏明翰堂弟夏新霈对堂哥有这样的描述：

> 明翰当学生时，非常勤俭，与哥哥完全两样，穿的是土布做的学生装，睡在楼上的空房里，一切的事都是自己做，还常帮家里的女工做事，散学回来时便带领着弟弟妹妹夜间挑灯读书，深夜才睡。一切言行，都是与当时旧社会对立的，在外从未参加过任何娱乐，不会抽烟，不会喝酒，连戏剧也没看过。在家时常告诫弟妹，

湘南学联旧址

不要学大[哥]、二哥的样,并将哥哥的坏习惯随时揭发出来,造成一种风气,使弟妹们对两个哥哥都产生了不好的印象。①

在湘南学联工作期间,为了让弟妹们接触新文化、新思想,积极参与反封建反殖民反军阀的斗争,明翰将明衡、明震、明霹吸纳为湘南学联成员,动员鼓励他们踊跃参加学生运动。

后来,经毛泽东推荐,夏明翰被聘用到长沙文化书社工作,这个书社销售介绍新文化、马克思主义的书籍。明翰经常买一些进步书刊带回家里供弟妹们阅读,如《共产党宣言》《新青年》《新湘评论》等,对《共产党宣言》等马克思的经典著作,还逐段进行讲解,明衡、明震、明霹常常听得津津有味。明翰陪毛泽东、何叔衡等革命家来衡传播马克思主义,进行宣讲演说,每场他都动员弟妹们来听,并利用晚上的时间组织明衡、明震、明霹讨论,让他们坚定信仰,

①湘南学联纪念馆编印《回忆夏明翰》,2022,第193—194页。

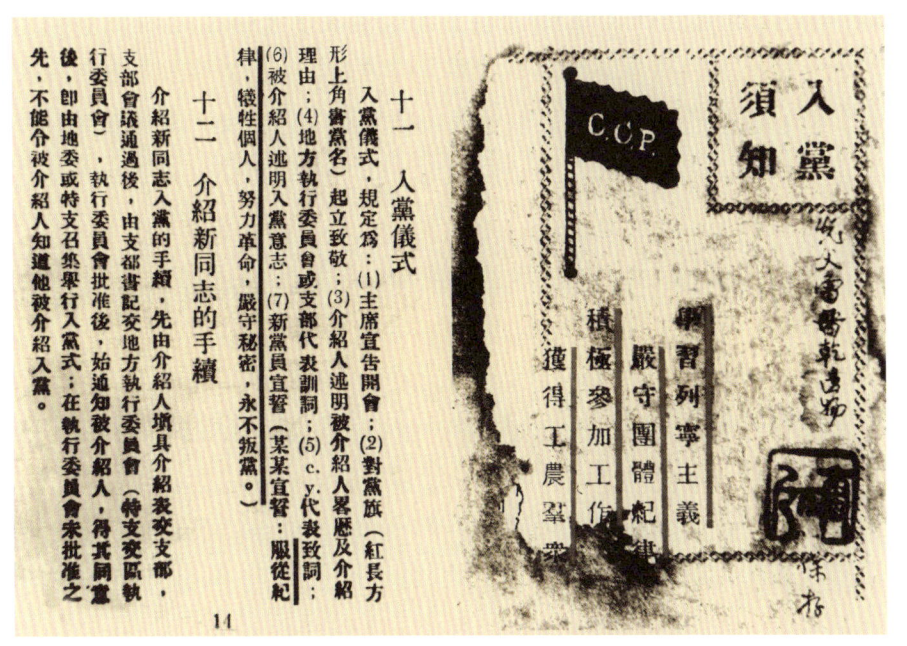

中共湖南区执行委员会建立后，制定了《入党须知》等党的制度与规定

立志献身革命。

妹妹夏明衡性格刚强，人称"假小子"。她婚姻不幸，丈夫是个纨绔子弟，说话粗鲁，好逸恶劳。明衡忍受不了志不同道不合的家庭生活，但又迫于爷爷的压力，不敢贸然摆脱这段不幸的婚姻。明翰作为她坚强的后盾，毅然支持她摆脱封建婚姻。她毅然走出郑家，住在姐姐明玮家里，由姐姐明玮和哥哥明翰指导学习，在哥哥的引导下，逐渐懂得革命道理。不久明翰又推荐她进入长沙自治女校学习，结识了毛泽建、朱近之、卜仁贞等进步学生，先后加入了中国社会主义青年团和中国共产党，成长为一名坚定的共产主义战士。

明震、明霹比明翰小七八岁，明翰替父母承担了很多照顾两个小弟弟的任务，经常手牵着手与他们一起听母亲讲述《水浒传》《西游记》和岳飞精忠报国、戚继光抗击倭寇的故事。明震、明霹入学后，明翰常常抽出时间为他们辅导功课，指导他们阅读进步刊物和革命书籍。他们成年后，明翰积极引导他们接受马克思主义，参加各种马克思主义的宣讲演说活动，接触何叔衡、邓中夏、廖焕星等我党早期革命活动家，亲自推荐他们成为湘南学联成员，介绍他们加入中国共产主义青年团和中国共产党，送他们参加广州农民运动讲习所和武昌农民运动讲习所学习，使其逐步成长为学运领袖和农运先驱。

邬依庄是明翰大姐明玮的儿子。大姐是明翰最亲近的人之一，家住在长沙，明翰从事革命活动，许多秘密行动都是在大姐的掩护下进行的。明翰对邬依庄这个外甥特别器重，常常给他讲述一些读书做人的故事，灌输"一心为公"等革命的道理，在他幼小的心灵里播撒了革命的种子。邬依庄长大成人后，了解到明翰、明衡、明震、明霹为了革命事业英勇牺牲的事迹，深受感动，决心向4位长辈学习，为劳苦大众谋幸福。在英烈事迹的感召下，报名参加红军，成长为一名光荣的战斗英雄。

## 第三章

### 一门英烈

夏明翰和弟弟夏明震、夏明霹,妹妹夏明衡,外甥邬依庄5位共产党人,情注革命,始终如一地对自己的信念毫不动摇,在为中华民族谋解放、谋幸福、谋复兴的伟大历史上,谱写了"一门五英烈"的壮丽诗篇。

夏明翰共有兄弟姐妹10人，由于受明翰的影响，几近半数先后参加共产党领导的革命斗争。1927年，蒋介石和汪精卫叛变革命后，国内政治局势陡然逆转，原来生机蓬勃的中国南部笼罩在一片腥风血雨之中。夏明翰和弟弟夏明震、夏明霹，妹妹夏明衡，外甥邬依庄5位共产党人，情注革命，始终如一地对自己的信念毫不动摇，在为中华民族谋解放、谋幸福、谋复兴的伟大历史上，谱写了"一门五英烈"的壮丽诗篇。

## 一　夏明翰：只要主义真，殉身成千古

砍头不要紧，只要主义真。
杀了夏明翰，还有后来人。

这气吞山河、声震中外的宏伟诗篇，伴随着滚滚向前的历史车轮，唤起了无数仁人志士，激励了一代又一代年轻人，鼓舞他们追寻救国救民的真理，赴汤蹈火，勇毅前行。诗篇的作者，就是我党创建初期的无产阶级革命家、伟大的共产主义战士夏明翰烈士。

夏明翰

夏明翰，1900年农历八月初出生在湖北省秭归县，12岁随全家回

到故乡衡阳。1921年加入中国共产党。历任湘南学生联合会总干事、湖南自修大学补习学校教务主任、团湘区执行委员会执行委员、中共长沙地方执行委员会书记。1925年11月至1927年5月任中共湖南区执行委员会委员兼农民运动委员会书记、全国农民协会筹委会秘书长、国民革命军总政治部宣传部部长，1927年6月任中共湖南省委委员兼组织部部长，1927年6月至9月任中共平（江）浏（阳）特委书记。1928年初任中共湖北省委常委。1928年3月20日，在汉口余记里惨遭国民党反动派杀害，牺牲时年仅28岁。

夏明翰为革命壮烈牺牲已有将近100年，但他的革命精神，同他的就义诗一样，穿越时空，与世长存，永远为人民所敬仰、歌颂，光耀千秋。

**出身封建家庭，就读工科学校，投身爱国学生运动。**

夏明翰降临人世不久，夏家成员就加官晋爵，喜事连连：祖父夏时济为江南候补道员，父亲夏绍范出任归州知州，母亲陈云凤受诰命之封。这些对于以做官为荣的士绅家庭，无疑是巨大荣耀。

夏时济心花怒放，亲自为孙子取名明翰，号桂根。"明翰"，是希望他将来文采斐然，知名当世。"桂根"则来自一副名联的上联："丹桂有根，独长诗书门第"，寓意书香之家总出月中"折桂"（中状元）之人。

事物的发展却不以人的主观意志为转移。小明翰虽然从祖父那里学会了吟诗作对，接受了优秀传统文化的熏陶，但受母亲进步思想的影响和五四运动新文化新思想的洗礼，他最终没有沿着祖父设定的人生轨迹前行，却走上了与其决裂、投奔革命的道路。

随家人回到衡阳以后，夏明翰先后在衡阳县石鼓国民高等小学堂、湖南省立第三甲种工业学校（三甲工）机械科就读。读书期间，得到体育教师、老同盟会员（后为共产党员）邱海岚的指导。积极会同省立第三师范学生蒋先云、黄静源等同学，秘密组织"学友互助会"，后以之为基础组织革命团体"心社"，开展反帝反封建反军阀的爱国斗争。

1919年五四运动的风潮席卷全国，湖湘大地风起云涌。夏明翰、蒋先云等同学奋起响应湖南省学联的号召，联络三师、三甲工、三女师以及成章、道南、新民等中学的进步学生，走出校门，开展游行示威；联络教育界和工商界，以衡、永、郴、桂各界人士名义通电全国，声援五四爱国运动。

夏明翰领头组织了三甲工讲演团。他肩头上扛着一条板凳，每到一处人多的地方，就站在板凳上激情演说，常常是"讲者声泪俱下，听者掩面而泣"。

为了团结更多青少年学生投身反帝反封建的伟大斗争，1919年6月7日，以"联络感情，交换知识，促进文化，改造社会"为宗旨的湘南学生联合会，在衡阳江东岸浮桥公所正式成立。夏明翰成为学联活动骨干，先后担任学联第一届干事、第二届总干事，主编和发行了《湘南学生联合会周刊》。

1917年，夏明翰怀揣着"工业救国"的理想考入省立第三甲种工业学校。图为省立第三甲种工业学校旧址

## 第三章 一门英烈

> 衡永郴桂各界請辦賣國賊電
>
> （衡冬）鈞鑒：曹汝霖、章宗祥、陸宗輿等甘心賣國，爲虎作倀。國人嘗欲食其肉其皮。此次青島問題失敗，北京學生激於義憤，殿傷章賊，焚毀曹宅，實爲國人心理所同情。奸黨怙惡，竟微殺學生，解散大學，坑儒涸流之惨禍竞見於共和國案。凡有血氣，莫不痛心。諸公熱忱愛國，薄海欽仰，務乞主持公道，使被捕學生即得釋放，併置賣國曹、章、陸等於法，以動於天下。事機緊迫，立即遵行。衡永郴桂各教育會及各校學生、各農、工、商會同叩。删印（十五）

为声援五四运动，湘南24县的教育会、学校、工商联合会等，于1919年5月15日在衡阳发出了《衡永郴桂各界请办卖国贼电》

**湘南学联历届负责人序表**

| 届次 | 姓名 |
|---|---|
| 第一届（1919年下期） | 杨 琳（三 师） |
| 第二届（1920年上期） | 夏明翰（三甲工） |
| 第三届（1920年下期） | 蒋先云（三 师） |
| 第四届（1921年上期） | 蒋先云 |
| 第五届（1921年下期） | 谭步琨（三 师） |
| 第六届（1922年上期） | 袁 痴（三 师） |
| 第七届（1922年下期） | 袁 痴 |
| 第八届（1923年上期） | 黄静源（三 师） |
| 第九届（1923年下期） | 李汉藩（成 章） |
| 第十届（1924年上期） | 文焕然（新 民） |
| 第十一届（1924年下期） | 文焕然 |
| 第十二届（1925年上期） | 梁中超（三 中） |
| 第十三届（1925年下期） | 向大名（三 师） |
| 第十四届（1926年上期） | 向大名 |
| 第十五届（1926年下期） | 向大名 |
| 第十六届（1927年上期） | 夏光曦（三 中） |

夏明翰在反帝爱国运动中有勇有谋，深得同学们的拥护，各校学生代表一致推选他为湘南学联总干事

| | |
|---|---|
| 湖南省立第三师范学校 | 衡阳 |
| 湖南省立第三女子师范学校 | 衡阳 |
| 湖南省立第三中学 | 衡阳 |
| 湖南省立第三甲种工业学校 | 衡阳 |
| 私立成章中学 | 衡阳 |
| 私立道南中学 | 衡阳 |
| 私立祖能女子职业学校 | 衡阳 |
| 第六联合县立中学校 | 零陵 |
| 衡阳县立中学校 | 衡阳 |
| 第七联合县立中学校 | 郴县 |
| 零陵县立中学校 | 零陵 |
| 桂临蓝嘉联合县立中学校 | 桂阳 |
| 第一联合县立乙种工业学校 | 衡阳 |

湘南学联骨干成员学校名录

长沙《大公报》关于"湘南学生联合会之主张"的报道

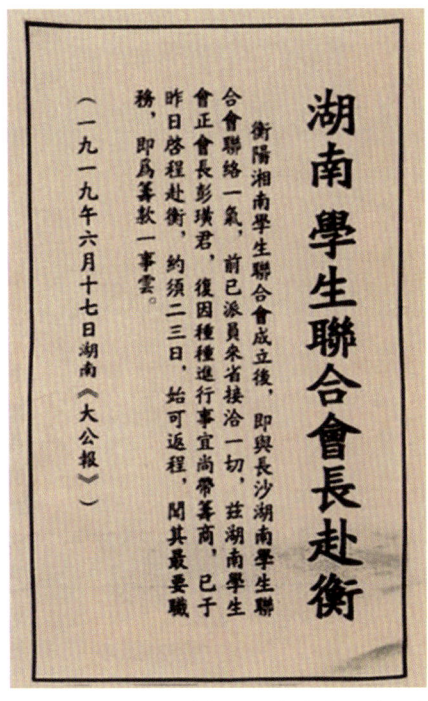

长沙《大公报》报道了湖南学生联合会会长彭璜赴衡与湘南学生联合会接洽的新闻，全国学联致湘南学联的信函

在抵制日货的斗争中，夏明翰以学联为主，商同各界人士，成立各界联合会、抵制日货分会、国货维持会等爱国组织。明翰邀请爷爷夏时济担任国货维持会会长，借助他的社会地位和影响力，取得了社会各界对抵制日货运动的支持。夏明翰、蒋先云带领国货维持调查组和学生义勇军深入货场、仓库、商店清查日货，把查到的日货统统搬到湘江边的空坪上，举行了一次声势浩大的焚烧日货大会。

衡阳南正街太和祥洋货店的张老板，唯利是图，残忍狡诈，拥有雄厚资本，买卖大批日货，垄断市场，随意抬高物价，人们一提起他，都咬牙切齿。张老板自恃与衡阳驻军首领吴佩孚有勾结，除了低价收购各商店所卖的洋货外，又从汉口运来一船价值数万元的日货到衡阳码头。衡阳各界联合会和国货维持会令其暂不起运，但该店变法高价

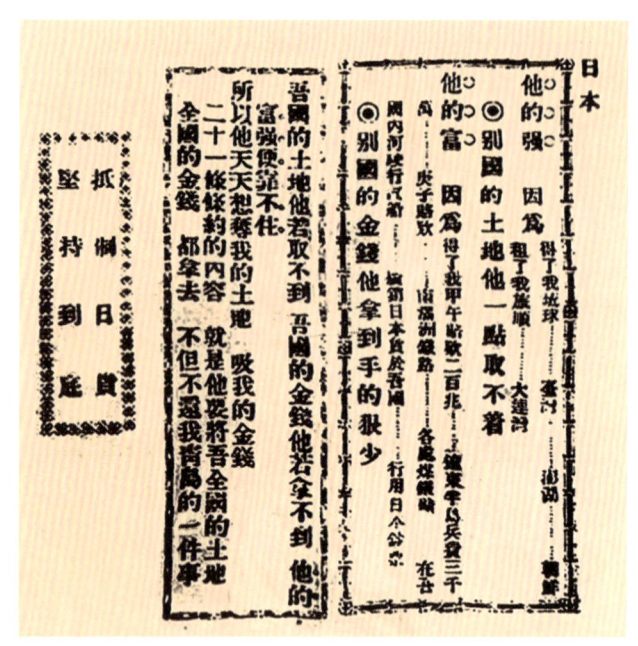

衡阳抵制日货运动中散发的传单

雇请吴佩孚士兵将这些货物作为"军用品"强运进库，被码头工人纠察队查获。湘南学联派人前去诘问，可张老板不予理睬，还请来警察，把湘南学联的人赶了出去。

当天下午，夏明翰组织学联、商界、群众代表300多人，来到太和祥洋货店。他们采取声东击西战术，缠住老板，防止他报请吴佩孚动用武力干涉，同时秘密派工人纠察队直奔仓库，将所有日货搬到太子码头，浇上煤油，当场烧毁。

此举震动全省，1919年10月24日和11月8日的长沙《大公报》对此作了报道，起到惩一儆百的作用。

衡阳学界开展的反帝反封建的伟大斗争，得到湖南学界组织的深度关注。1920年3月，中国共产党创始人之一何叔衡率湖南学生驱张（敬尧）代表团来到衡阳，以湘南学联为基地，以夏明翰、蒋先云等为骨干，广泛发动组织衡阳学界、工人、市民开展驱张运动。

1919年11月8日长沙《大公报》关于衡阳太和祥日货被焚的详细报道

湘南学联是湘南地区学生运动的领导机构。该会成立后，"衡地各项爱国［运动］，均系该会主持"。图为1919年6月14日长沙《大公报》刊登的《长沙衡阳学生会之联络》

驻衡讨张请愿代表团部分成员在衡阳教育会馆前合影

为了争取社会各界对驱张运动的支持，夏明翰领着何叔衡拜访了祖父夏时济等知名人士。在大是大非面前，夏时济深明大义，在驱张呈文中第一个签名，领衔向全国发出了声援驱张的通电。

在驱张代表团的指导下，1920年3月，湘南学联等组织在雁峰寺前召开驱张大会，夏明翰担任大会总务长，负责大会的组织工作，并在大会上宣读毛泽东等署名印发的揭露张敬尧祸湘罪行的"快邮代电"，高呼"张毒一日不出湘，学生一日不返校"的驱张口号，衡阳很快掀起了驱张运动的高潮。

驱张运动是五四运动在湖南的发展，是新民主主义革命初期的一个组成部分。衡阳是湖南驱张运动的重要阵地，驱张斗争的胜利，衡阳人民作出了重大贡献。张敬尧的败走，是一件大快人心的事情，夏明翰怀着喜悦的心情，激动万分，吟诗一首：

> 张督心藏刀，
> 治湘一团糟。
> 杀人又放火，
> 民众怨声高。
> 吾辈齐奋起，
> 驱张胆气豪。
> 张毒如老鼠，
> 夹起尾巴逃。

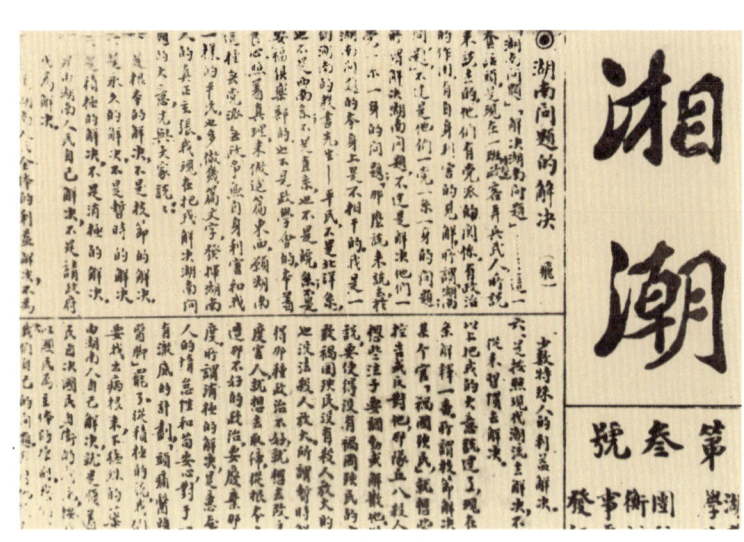

驱张代表团创办的刊物——《湘潮》，深刻揭露了张敬尧任湖南督军以后犯下的各种罪行，号召人民群众与其作坚决的斗争

毛泽东等人署名印发的驱张"快邮代电"

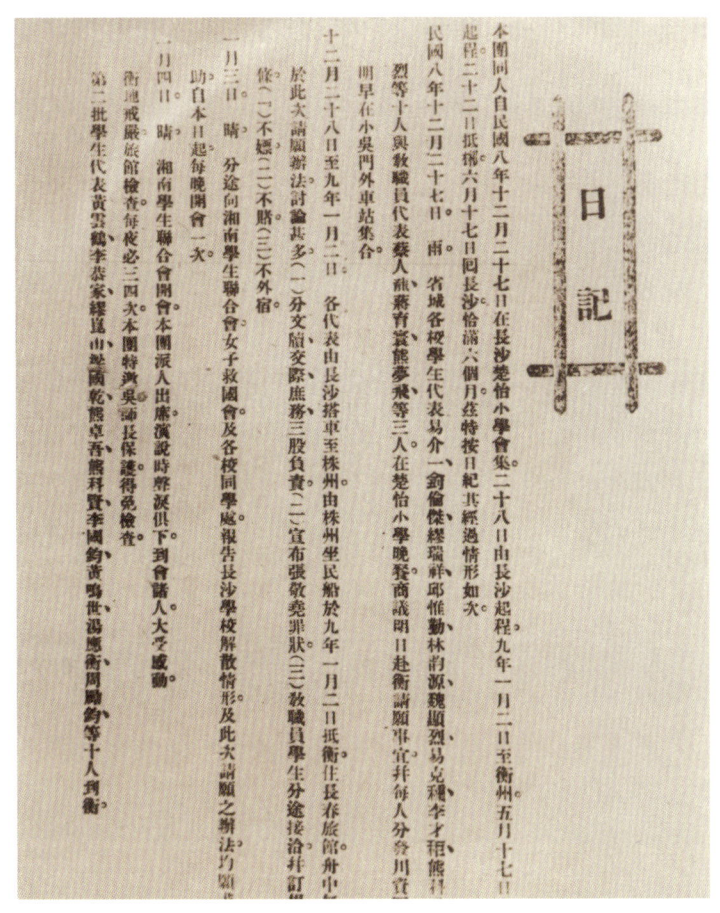

驻衡驱张代表团主办刊物，发表宣言、通电，举行集会，揭露张敬尧出卖民族利益、镇压革命的滔天罪行，号召"湘人誓与张敬尧势不两立，斗争到底"。这是代表团记述衡阳各界驱张情况的日记选

作为文化书社的职员和自修大学最早的学员，夏明翰经毛泽东介绍，加入中国共产党，成为职业革命家。在浏阳金江高小，他宣传革命思想，宋任穷、张启龙等在这个"革命的摇篮"中成长。

长沙文化书社是毛泽东联络各界知名人士成立的，旨在传播新思想、新文化和马克思主义。通过何叔衡、易礼容的介绍，毛泽东邀请夏明翰来长沙工作，安排他到文化书社当职员，负责售书工作。

1978年6月9日，时任北京市政协副秘书长、建党初期湖南省委常委、毛泽东挚友易礼容回忆说：

> 学生联合会派代表去湖南是秘密去，向吴佩孚请愿驱张。我们赞成吴，不拥张。
>
> 我到衡阳，先找吴佩孚的秘书长（参谋长）接头。去的时间不是1918年冬天就是1919年春天。
>
> 我们找学生联合会，骨干有七八人，他们欢迎我们。夏明翰是其中的一个，穿马纹罗（一根白纱，一根黑纱织的）衣裤，布鞋，穿得很紧，是一个穷学生的样子。他祖父是个进士，小学上学是坐轿，读书在私塾。
>
> 我同他说得来，很有点友谊。
>
> 我回到长沙着力向毛主席说：湘南有个我们志同道合的人，叫夏明翰，很好，是个人才，是很可以做工作的。
>
> 毛主席就要他来到长沙。夏也不愿在衡阳。不是随驱张代表团到长沙的，是毛主席要他来的。[1]

夏明翰在文化书社工作，晚上就住在书社。白天，忙于售书；夜晚，寄居在简陋的房舍里，如饥似渴地阅读《共产主义ABC》《马克思资本论入门》《社会主义史》和《新青年》《劳动界》等进步书刊。其间加入了"俄罗斯研究会"，接受马克思主义思想。

1920年8月和10月，陈独秀、李大钊分别在上海和北京创建共产党早期组织，11月底12月初，毛泽东与何叔衡在长沙建立了共产主义小组，并以湖南省立第一师范学校的进步学生为主体，成立了湖南社会主义青年团，毛泽东任书记。夏明翰加入了湖南社会主义青年团，成为最早的衡阳籍社会主义青年团员之一。

---

[1] 湘南学联纪念馆编印《回忆夏明翰》，2022，第21—22页。

## 第三章 一门英烈

1920年8月，长沙文化书社在开福区潮宗街56号开办

湖南自修大学旧址（船山学社）

红色家庭档案——夏明翰一家五烈士

中国共产党在上海成立后,毛泽东、何叔衡回到湖南,迅速在长沙等地发展党员,吸收夏明翰为中共党员。1921年10月10日,中国共产党湖南支部在长沙清水塘成立,夏明翰成为湖南最早入党的少数党员之一。[1]

中共湖南支部成立后,10月中旬,夏明翰陪同毛泽东从长沙乘船来到衡阳,传播马克思主义,开展建党工作,指导湘南地区的革命斗争,从心社成员中发展蒋先云、黄静源、唐朝英、蒋啸青加入中国共产党,建立湘南地区第一个党小组,中共湖南省立第三师范学校小组。

中共党史学家李捷、于俊道合著的《实录毛泽东》一书对这段历史有详细的记载:

> 衡阳地区经过五四运动的洗礼,社会主义思潮在青年中较有影响,特别是在湖南省立第三师范里,由蒋先云等组织的"心社"团结了一批进步青年。毛泽东通过夏明翰、贺恕等了解到这些情况,便在夏明翰的陪同下来到衡阳。

据屈子健回忆:

> 1921年10月中旬,毛泽东与夏明翰赴衡阳找湖南省立第三师范的进步教师和学生谈话,开座谈会,在第三师范的一间教室里,讲演历史上农民的造反行动。以前人们只听说黄巢、李自成都是"贼子""犯上作乱",而毛泽东却肯定东汉末年黄巾之乱,明朝张献忠、李自成之乱,实际上都是代表农民反抗封建王朝的压迫,都是农民革命。毛泽东还分析了历代农民起义其所以失败原因在于没有先进阶级和政党的领导,并以俄国十月革命取得胜利为例说明工人阶级的领导和无产阶级革命的必要。当时学生听了,感

---

[1] 中共湖南支部成员及党员名单:
书记:毛泽东
委员:何叔衡 易礼容
党员:毛泽东 何叔衡 易礼容 彭璜 彭平之
　　　郭亮 陈子博 夏曦 贺民范 夏明翰

第三章 一门英烈

1921年10月，中共湖南支部成立。10月中旬夏明翰陪同毛泽东来到衡阳，传播马克思主义，开展建党工作，指导湘南地区的革命斗争。这是衡阳进步学生蒋先云、黄静源等到码头迎接毛泽东的场景

红色家庭档案——夏明翰一家五烈士

1922年4月底,毛泽东第二次来到衡阳,5月1日在湘南学联向衡阳党员和进步青年作了关于马克思的革命斗争史和共产主义学说的报告

到很新奇。

在传播马列主义的基础上，毛泽东还积极发展觉悟分子，在三师进步学生组织中发展了蒋先云、黄静源、唐朝英、蒋啸青4人入党，建立了湖〔湘〕南第一个党小组——衡阳三师小组，由黄静源任组长。同时，从三师进步学生组织"心社"发展了一批青年团员，建立了社会主义青年团三师支部。[①]

夏明翰陪同毛泽东衡阳考察的情况，中共中央文献研究室编著的《毛泽东年谱（1893—1949）》中记载：

（1921年）10月10日　在长沙建立中国共产党湖南支部，任支部书记，成员有何叔衡、易礼容等。在小吴门外清水塘租赁一所房子，作为中共湖南支部的秘密机关，并与杨开慧搬到这里居住。湖南支部建立后，慎重地吸收学生和工人中的先进分子入党。先在湖南自修大学、湖南第一师范学校、岳云中学、甲种工业学校等发展一批党员。在长沙第一纱厂、电灯公司、长沙的粤汉铁路工人中以及泥木、缝纫、印刷等行业工人中也发展了党员。

10月中旬　由夏明翰陪同溯湘江而上，到衡阳，住湘南学联。在湖南第三师范学校研究发展党员、成立党的组织问题。随后吸收心社负责人蒋先云、黄静源和教员蒋啸青等加入中国共产党。[②]

为了传播马克思主义，吸纳更多的有志之士加入党的组织，毛泽东回到湖南后，于1921年8月在长沙船山学社创办了湖南自修大学，夏明翰是自修大学最早的学员。湖南自修大学的创设，是中国共产党

---

[①] 李捷、于俊道：《实录毛泽东1　早年奋斗史（1893—1927）》，长征出版社，2013，第227页。
[②] 中共中央文献研究室编《毛泽东年谱（1893—1949）》上卷，中央文献出版社，2013，第97—98页。

成立后自办党校、培养干部的首次尝试。在自修大学，夏明翰任学习组长，兼任《湖南学生联合会周刊》的编辑。夏明翰热爱文学创作，在学习期间，他写了《死后的回忆》等小说和文章，发表在自修大学校刊《新时代》及《新民周报》上，在学员中和社会上引起很大反响。

在此期间，夏明翰还担任浏阳县西乡金江高等小学堂国文教员。该校是浏阳县西乡三个区唯一的高级小学，也是全县进步知识分子最集中的地方。夏明翰到校后，以国文教员的公开身份作掩护，联络毛泽东在湖南省立第一师范学校读书时的好友、新民学会会员、长沙文化书社浏西分社社长、金江高小训育主任陈昌等进步教师，利用金江高小作据点，开展新文化运动和革命活动。

为了实现目的，夏明翰首先要求自己在师生中成为众望所归的优秀教师。1987年10月15日，曾任全国政协副主席的宋任穷在《人民日报》发表题为《纪念陈昌、夏明翰老师》的长篇文章，其中说道："陈昌、夏明翰老师知识渊博，口才雄辩。上课时，结合课文向学生历数帝国主义列强从政治、经济、文化各方面侵略我国，欺凌和压迫我国人民的种种罪行……陈、夏两位老师的授课，事实摆得充分，道理讲得透彻，感情色彩丰富，很有说服力和感染力。他们的出色的讲解，激发了学生的爱国热情，在我们年幼的心灵中播下了革命的种子，燃起了革命的火花。我们开始懂得了中国要摆脱贫困，不受侵略者的欺侮，独立富强起来，必须唤起民众，团结起来，打倒帝国主义列强，打倒军阀，打倒贪官污吏。"[1]

夏明翰等进行教育改革的一个重要创新，是创办金江高等女子职业学校。宋任穷回忆道："毛泽东竭力支持这件事，特派夏明翰的姐姐、在自修大学任教的夏明森出任女校校长。"这是湖南妇女运动史和教育史上的一件大事。在金江高等女子职业学校的带动下，浏阳大部分学校都开始招收女生，使不少妇女有机会通过学习走上社会，有的

---

[1] 本文收入《宋任穷回忆录（续集）》，解放军出版社，1996，第257—262页。

## 第三章 一门英烈

湖南自修大学附设补习学校学生同学录

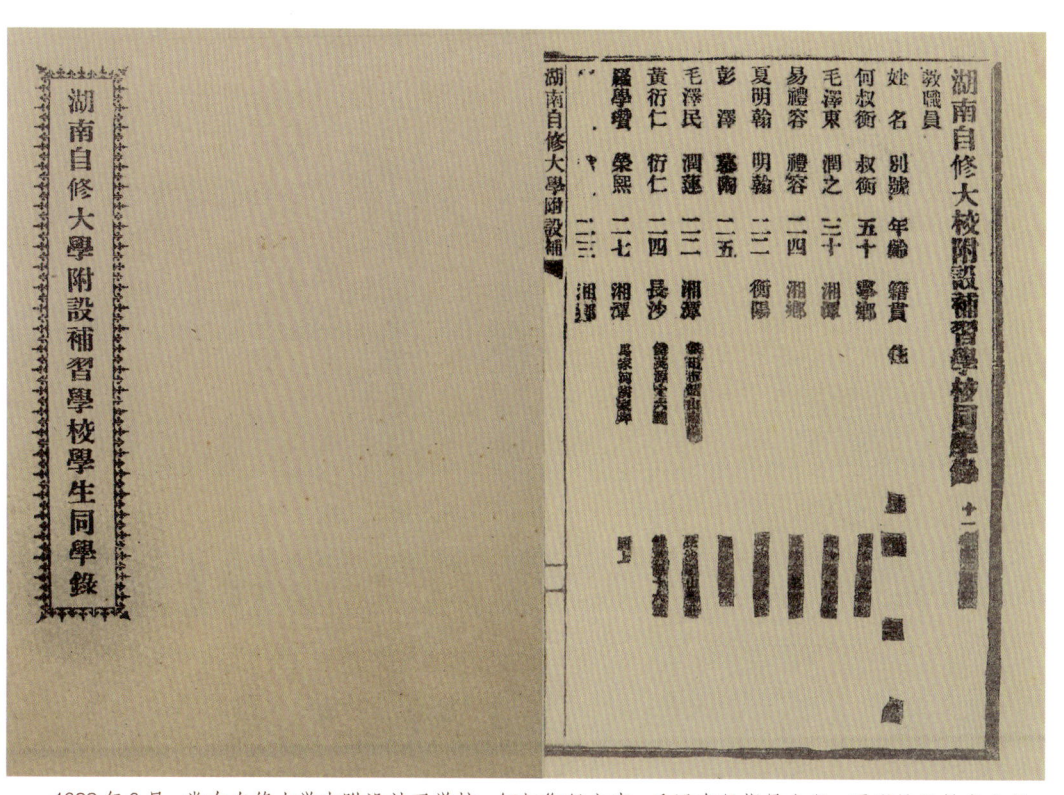

| 姓名 | 别号 | 年龄 | 籍贯 | 住址 |
|---|---|---|---|---|
| 何叔衡 | 叔衡 | 五十 | 宁乡 | |
| 毛泽东 | 润之 | 三十 | 湘潭 | |
| 易礼容 | 礼容 | 二四 | 湘乡 | |
| 夏明翰 | 明翰 | 二二 | 衡阳 | |
| 彭泽 | 塞陶 | 二五 | | |
| 毛泽民 | 润莲 | 二三 | 湘潭 | |
| 黄衍仁 | 衍仁 | 二四 | 长沙 | |
| 罗学瓒 | 荣熙 | 二七 | 湘潭 | |

1922年9月，党在自修大学内附设补习学校，何叔衡任主事，毛泽东任指导主任，夏明翰任教务主任，易礼容为事务主任，主要培训进步青年和工人积极分子。当时夏明翰一面在自修大学学习，一面做好补习学校的教务工作

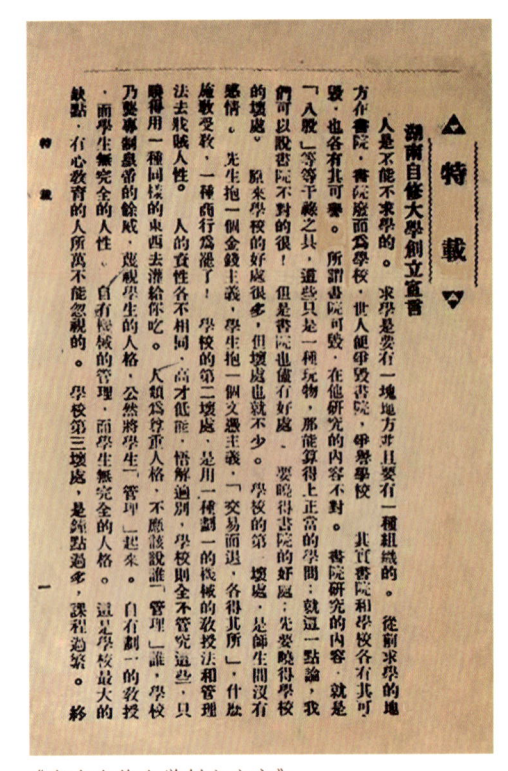

《湖南自修大学创立宣言》

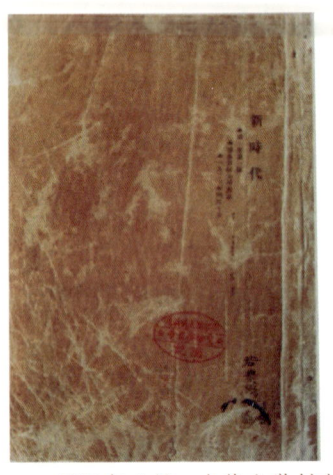

1923年4月,自修大学创办《新时代》月刊。由自修大学学长李达兼任主编。该刊阐明中共"二大"的纲领和策略,实质上是中共湘区执行委员会的机关刊物

后来成了革命运动中的骨干力量。

民国十三年（1924）12月11日，《湖南通俗日报》对夏明翰在湘江中学的活动作过报道，标题为"昨日湘江学校的农民同乐会"，全文如下："湘江学校现迁到浏阳门外。该校学生会以周围农民最多，特于昨晚开一农民同乐会，男女农民到会者二百余人。首由邓通扬说明开会意思毕，继有罗学瓒、曹典琦的演说，夏明翰的笑林。并有魔术多种，及火棒电影等。农民都尽欢而散。"

夏明翰到校不久，介绍陈昌加入了中国共产党。在校长黄谱笙等的支持下，进行教学改革，启用新型课本，采用启发式教学方法，提倡课堂上用白话文代替文言文讲授。吸收师生代表参加学校管理，规定学生不再着长袍马褂，改穿布料短装。学校挂出了"劳工神圣"的匾牌，开设劳动课，发动师生利用节假日修筑了一条环校马路。在筑路中，夏明翰、陈昌率先垂范，为鼓舞师生的干劲，创作了《筑路歌》：

> 修我们的马路，贯彻我们的精神。
> 怕什么寒和暑，风和雨，
> 拿起我们的锄头、铲子，快来做工！
> 怕什么高和低，土和石，
> 凡阻碍我们的，就要把它铲平！
> 大家起来，大家起来，
> 做一个真正的劳工！

在夏明翰的教育和影响下，金江高小的学生受到进步思想的熏陶，不少人的思想得到升华，向往革命，潘心源、张启龙、宋任穷等迅速成长起来。在大革命时期，有一批毕业于金江高小的学生参加了社会主义青年团和共产党组织。金江高小被誉为浏阳县"革命的摇篮"。

由于党的事业发展的需要，1922年9月，湖南自修大学附设了补习学校，公开招生，集中培养那些文化水平较低的革命青年。补

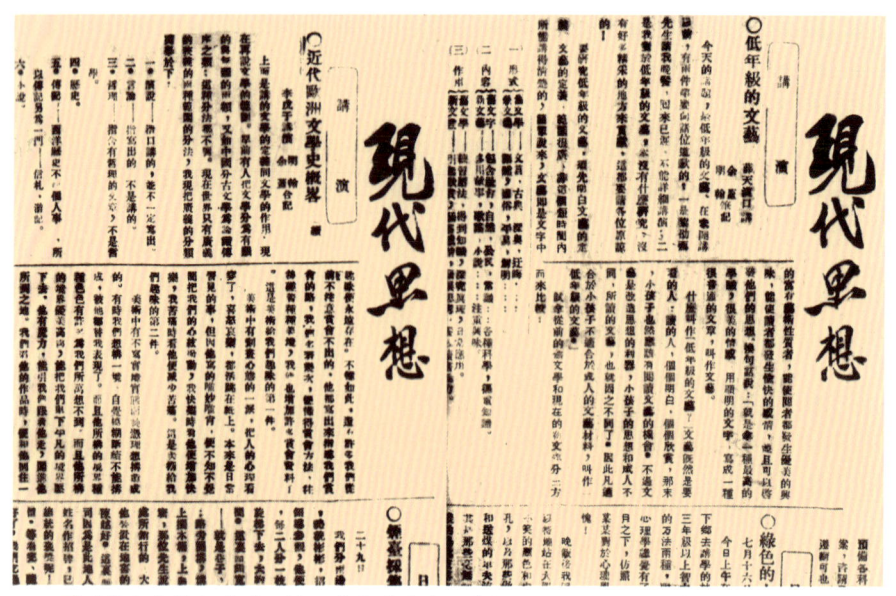

夏明翰任自修大学附设补习学校教务主任期间，还经常撰文，发表在各类报刊上。这是当时长沙《大公报》的副刊《现代思想》登载的夏明翰参与执笔的文章

习学校由何叔衡任主事，毛泽东任指导主任，夏明翰任教务主任，教员有姜梦周、夏曦、罗学瓒、李维汉等一批老一辈无产阶级革命家。关于夏明翰在补习学校的情况，李捷、于俊道的《实录毛泽东》一书记载：

> 自修大学创办后，社会上一些守旧人物造谣攻击，企图唆使湖南省政府停止供给船山学社的活动经费。他们声称船山中学停办了，400元光洋也无须再供应。为继续获得这笔经费，同时为满足失学青年的要求，毛泽东、何叔衡于1922年9月又开办了自修大学附设补习学校，公开招生。据湖南《大公报》报道，补习学校"十一日开学，十五日开讲。学生报名者，已达百二十余人。校内设主事一人，为何叔衡；指导主任一人，为毛泽东；教务主任一人，为（夏）明翰；事务主任一人，为易礼容。教员十余人"。该校"暂设学科五门——国文、英语、数学、历史、地

理，分三班教授，采用选科及学科制"。①

《毛泽东年谱》记载，1922年9月11日，中共湘区委员会创办的湖南自修大学附设补习学校开学。办学宗旨是："为年长失学之人、私塾改图之人，及乡校课程不够升学之人，及时补习英文、数学、国文、历史、地理五科而设，男女兼收"。这期招收学生一百二十多人。主事何叔衡，指导主任毛泽东，教导主任夏明翰，事务主任易礼容。

在补习学校，夏明翰爱岗敬业，十分关心学生的学习和生活。他组织交不起书籍讲义费的学生勤工俭学，到印刷厂劳动；帮助因往返路远、没有时间去图书馆的学生借好他们要阅读的书籍；注意在工人学生中培养、吸收党员；组织补习学校的学生到工人中去办补习夜校，到郊区农民中去办夜校扫盲班。

自修大学和附设补习学校，在社会上产生了广泛的政治影响，也引起了国民党反动政府的格外关注。1923年11月，赵恒惕政府说什么这两所学校"所倡学说不正，有碍治安"，下令查封，搜捕活跃分子。

面对日益严峻的形势，党组织将这两所学校的大部分学生转移到另一所公开的正规中学——湘江中学。夏明翰被派到这所学校去教数学。谢觉哉在后来的回忆录中赞扬说："党办的湘江中学没有教员，调他去教数学，他没有教过数学，但为了对学生负责也即是对党负责，他用心钻研，创造新教法，大受学生欢迎，成为很好的算术、代数的教学者。"

担任过湘南学联总干事的夏明翰，工作才能得到长沙学界的认可。1922年12月初，在中共湘区执行委员会领导下，湖南省学联调整机构，夏明翰成为主要负责人之一，主编《湖南学生联合会周刊》，不久，担任团湘区执行委员会执行委员，在领导全省学生运动中发挥了更加积极的作用。

---

① 李捷、于俊道：《实录毛泽东1 早年奋斗史（1893—1927）》，长征出版社，2013，第227页。

在此期间，夏明翰还写过一篇名为《教育侵略之消极抵抗》的文章，全文如下：

"文化侵略"这个名词，在有些被其侵略而不自觉的先生们，虽然可以咬文嚼字地说这个名词不通，然而帝国主义列强借文化事业以宣传其侵略主义的事实，却已谁也不能为之遮掩了。近来国人渐渐醒觉，反抗文化侵略，收回教育主权的言论和运动，各处都有相继而起之势，这不能不说是国人对于列强侵略中国的方式的认识之一大进步！在独立国家的文化事业，不能由他国人任意发展，这差不多是天经地义。我们看新兴的土耳其，业已把所有的外国人设立的教堂、学校一起封闭了，我们在南洋办学教育华侨，都要受美政府严厉的监督和限制，唯有我们这种半殖民地的国家的教育主权，才被外人掠夺而要起而为反抗运动，说来真是可羞！我们暂时只说收回教育主权一方面，这种运动在积极方面，自然是非打倒国际帝国主义，使我们民族脱离被压迫地位而独立，不足成功；但是在目前我们也未尝不可用消极的方法予以抵抗，我想我们应该全国一致，对于在华之外人学校作下列的抵抗：

一、由政府通令学生不得入外人所办学校；

二、国民互相监督，惩戒送子弟入外人所办学校之父兄；

三、政府不准外人所办之学校立案；

四、本国公私学校不收容各外人所办学校之学生转学及投考；

五、公私各机关皆不用外人学校毕业之学生任事。

这些方法，可说是不关国力，只要国人大家一致做起来就可成功，如我们湖南的雅礼、湘雅、福湘等校，因为政府没有批准立案，有些学生于是因为升学的不便而不愿去，可见这些方法如能一一办到，那纵令帝国主义者的善于横蛮，也不能奈我何了。但是，听说教育司否准雅礼……等校立案的原因，是以他们学校要读《圣经》及做祷告；现在他们有改变读《圣经》、做祷告

第三章 一门英烈

夏明翰在湘江中学任教时使用过的教科书

湘江中学旧址

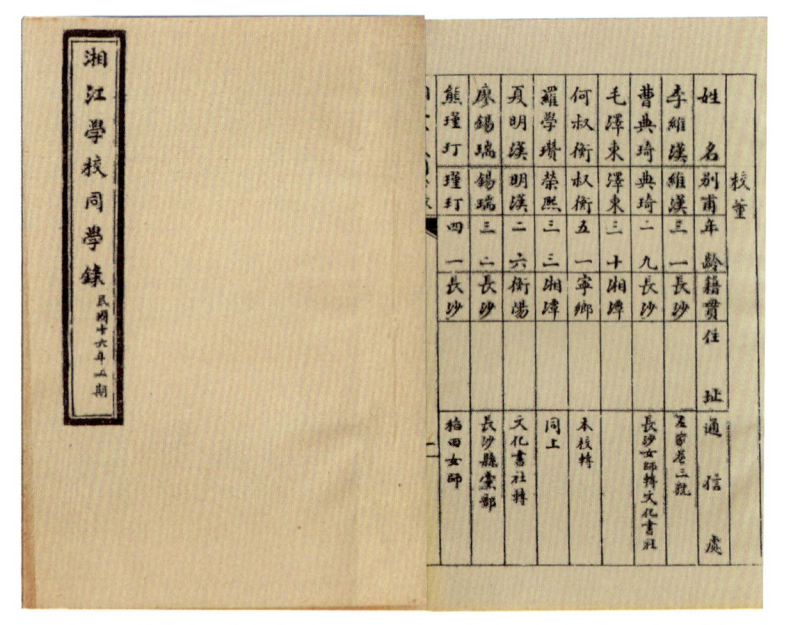

湘江中学为中国革命培训了不少人才，输送了众多干部。这是《湘江学校同学录》

的方式，以取得批准立案的消息。我在此地惟有希望教育司勿为所蔽；而尤其应该决定一个"凡外人所立学校皆不得立案"的原则，不单单因为读《圣经》、做祷告而否准立案。①

1924年1月，寒假将至，夏明翰连夜赶写了一篇名为《寒假期间同学们回家去应做的工作》的文章，号召学生利用假期到农村开办补习学校，宣传新文化、新思想。文章如下：

---

① 湘南学联纪念馆编印《回忆夏明翰》，2022，第63—64页。

## 第三章 一门英烈

流水似的时间走得真快，忽忽的不觉得又是寒假时间到了！同学们都负着各人的行李回各人的家里去，回家后应做些什么事情来度过这一个多月可宝贝的光阴呢？若是做些对于人类社会无益的事情，把这一个多月可宝贝的光阴，悠悠忽忽的度过，我深为同学们可惜！时间是一种不可易得，不可延留的东西，我们处一刹那间，就应做一刹那间的事情，没有须臾徘徊的工夫，没有半点踌躇的余地。我们应该努力前进，改造现今，创造过去。现在寒假期间到了，有一个多月的假日，正好努力前进，尽一点改造创造之责，正好作农人们、工人们的向导，为人类社会得公共幸福，正好和农人们工人们郑重地携着手欢天喜地的亲爱着、互助着，共赴光明的大路，我们千万不要迟疑的渡过了好时光。现在，我将寒假应做的工作写在下面，特与同学们商榷。

普及教育的声浪一天高一天，可怜那些农人们在这声浪之中依然没有受教育，有连教育两个字都不晓得解，这也是我们中国不强的一个大缘因。若想政府到农村里去办教育，那简直是不晓得要等到那一年，我们应该自己努力去做，到各人的乡间里去做农村教育运动，在乡里创设农村补习学校，引导工人们农人们到自觉的路上去，使他们能了解自己在人类中的地位和价值。这个不是我们青年应有的责任吗？现在长沙农村补习教育社同志又为我们准备了农村教育运动计划和教本，这真是我们寒假中农村教育运动者一个事半功倍的良好机缘，我们青年学生，岂可起不来做事呀！

大凡乡间有充分智慧的人很少，这也无怪乎他们没有智慧，都是因为没有人去宣传教育，指导他们，每一乡间里，大都是充满了一些戴着道德假面具的孔教徒，和一些崇拜菩萨信仰同旧势力的不良分子，真是阻滞人类进步的矛〔蟊〕贼，现在同学们放了寒假，各人嘻嘻哈哈的回了各人的故乡，看见故乡的景象如是之凄凉悲惨，想必也不应该袖手旁观吧！我们应该把在本乡间较为高明的联合起来，组织一个团体或结一个社，对于那些阻滞人类进化的矛〔蟊〕贼下讨伐令，猛力进攻，或宣传新文化，渐次改良那些旧社会的恶习。

以上不过说一些关系社会最重要的，其余的还很多。同学们如能努力坚勇去做，虽是密密重重的广大黑幕，也要发出一线微弱的曙光。这才算是不辜负了寒假可宝贵的光阴呢！同学们努力，大家起来啊！

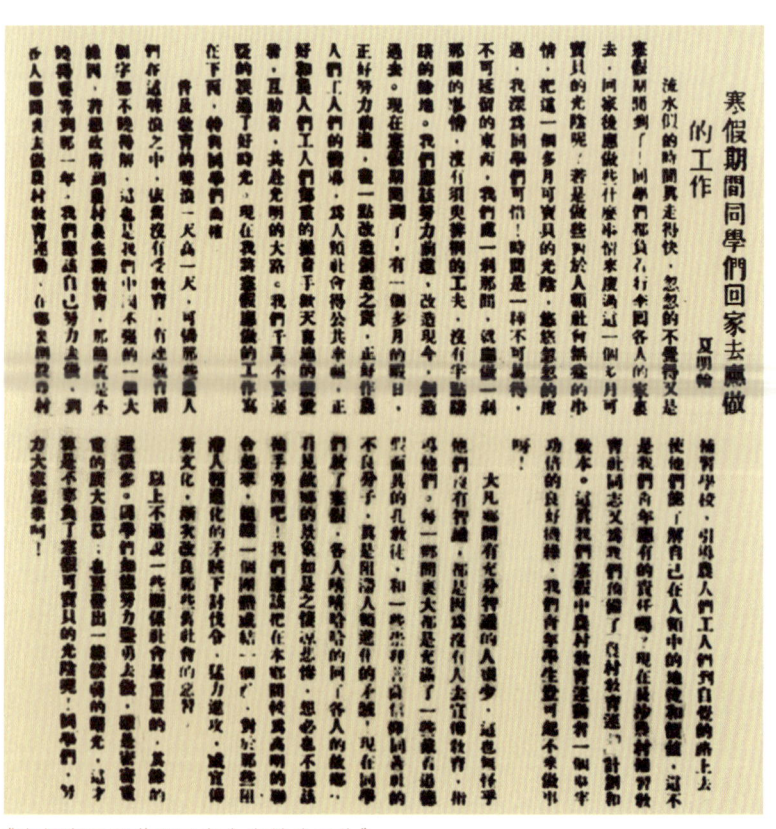

《寒假期间同学们回家去应做的工作》

第三章 一门英烈

　　1924年3月,夏明翰在上海出席中国社会主义青年团第二届中央扩大会议,与会者合影。前排左起:卜道明、阮啸仙、陆沉、夏明翰、邓中夏;后排左起:1.刘仁静、3.黄日葵、4.恽代英。照片中前排阮啸仙、夏明翰、邓中夏,后排恽代英,为中国人民的革命事业英勇牺牲,均为"100位为新中国成立作出突出贡献的英雄模范人物"

夏明翰做工人运动也是"里手",写作一首《江上的白云》致祭于黄、庞二烈士灵前;协助举办中央农民运动讲习所,为毛泽东所赏识。

> 但是,我耳朵里却听得见你们呼号的声音,
> 心头上,却想见你们奔走的情形。
> 我羡慕你们的牺牲,
> 我羡慕你们的勇猛!
> 我在这里,虽是天天同着灿烂的太阳起来,
> 但是看不见一点光明,只是沉沉的黑暗!
> 许多的心事,写也写不出来;
> 只好背着人,偷偷地讲讲——
> 这难道是我们的生活?!
> 这难道是我们的当应?!

这段文字节选自登载在1922年2月10日《劳工周刊》上的夏明翰诗歌《江上的白云》,它是为悼念湖南工运领袖黄爱与庞人铨而作。这是夏明翰开始由学运领袖过渡到工人运动的组织者的标志。

1922年1月,湖南劳工会领袖黄爱与庞人铨领导湖南第一纱厂2000多名工人罢工,要求增发年终奖金和一个月双薪,遭到赵恒惕政府的逮捕和杀害。黄、庞遇难后,长沙市民群情激愤,分别以罢工、罢课、冲击省署衙门、到烈士棺前哭祭等形式,向赵恒惕政府表示强烈抗议。

为了反击赵恒惕的高压、屠杀政策,稳定工人情绪,提高斗争信心,根据毛泽东的指示,夏明翰组织长沙工人和各界代表,在船山学社召开追悼大会,发行纪念特刊,率领各界群众举行声势浩大的游行,向赵恒惕政府示威请愿,并以湖南工界名义通电全国,痛斥和揭露赵恒惕政府的罪行。在黄爱、庞人铨追悼会上,夏明翰怀着极为悲愤的心情,挥泪写成了一首题为《江上的白云》的诗,致祭于黄、庞二烈

## 第三章 一门英烈

《黄(爱)、庞(人铨)流血周年纪念特刊》

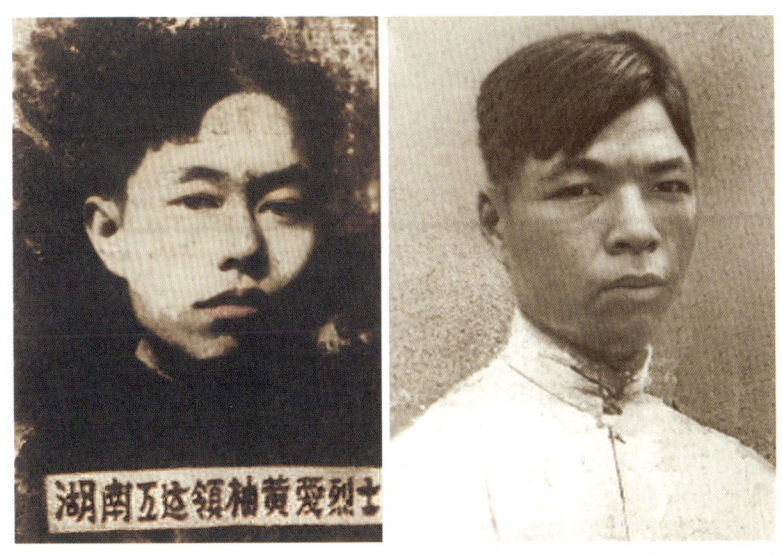

1921年冬,黄爱、庞人铨加入中国社会主义青年团。1922年1月领导湖南第一纱厂2000余工人罢工,遭军阀赵恒惕杀害。黄、庞牺牲后,中国劳动组合书记部称二人是"中国第一次为无产阶级而死的先烈"

士灵前。

为了将工人运动推向高潮，1922年10月，党派夏明翰领导长沙人力车夫组织工会开展罢工斗争。长沙人力车夫在千人以上，有自己的行会，但行会的权力操纵在车主和把头总管手里。行会有许多严厉的封建行规，违反行规就要受到严厉处罚，加之车租高，兵差多，人力车夫生活极度痛苦。夏明翰经常走家串户找人力车夫谈心，并举办工人夜校，提高他们的思想觉悟，增强队伍的战斗力。在夏明翰的组织发动下，全城人力车夫举行了抵制车主加租的大罢工。通过罢工斗争，迫使长沙县知事同意减少人力车车租，罢工取得了胜利。

夏明翰经常深入普通工人家庭，做宣传发动工作。在组织泥木工人大罢工的前夕，他来到任树德的堂弟、老泥木工人任树敏家里，一坐就是两个小时，跟任树敏一家讲穷人要出头的道理。他说，苦人什么都能干，但干出来的东西都被别人霸占了。讲到这里时，他非常气愤说："世上哪有这种道理？！"

他问树德和树敏："你们哪样不会干？田是你们开的，地是你们种的，房子是你们建的，世上的一切都是你们这些人创造的。"接着又对任树敏的爱人说："你最能做菜、做饭，最会做衣绣花，但你一年到头吃了几盘好菜、喝了几碗仙汤、盖了一床绣花被没有？"还故意顶着他家低矮的楼板，问树德、树敏："你们造的高楼大厦给谁住了？"

这样任树敏一家懂得了穷苦人穷苦的原因，从而下决心和地主、资本家做斗争，搞泥木工人大罢工。就在这一年，任树敏也由夏明翰介绍加入了党组织。

1923年春天，夏明翰任中共长沙地方执行委员会书记。6月，长沙发生了日本水兵枪杀工人、学生的"六一惨案"。中共湘区执行委员会派郭亮、夏明翰以"外交后援会"名义，发动市民、学生各界，在教育会坪召开有6万多人参加的大会，提出8项条件，要求赵恒惕政府与日本进行交涉。这次反帝斗争，由于赵恒惕政府的镇压而失败，外交后援会于6月8日被军警解散。郭亮、夏明翰等人因遭追缉，不

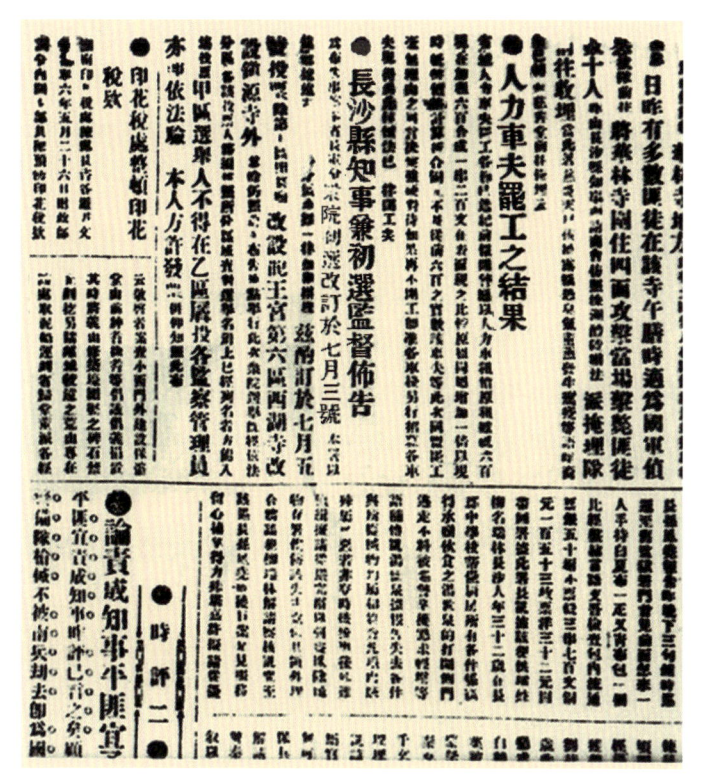

长沙《大公报》关于长沙人力车夫罢工斗争的报道

得不暂时转移和隐蔽,转做农运工作。

夏明翰不仅是出色的学运、工运领袖,而且是农民运动的先驱者之一。1925年11月,夏明翰担任中共湖南区执行委员会下设的农民运动委员会书记。

农民运动兴起后,夏明翰坚决维护农民利益,狠狠打击反动派的嚣张气焰。为了严厉惩办那些罪大恶极的土豪劣绅和反革命分子,湖南各地成立了"特别法庭",对于那些残杀农民、十恶不赦的家伙,由特别法庭宣判镇压。

当年曾经杀害黄爱、庞人铨二人的刽子手之一、赵恒惕政府军务司司长李佑文被革命人民抓住了。"特别法庭"准备对他加以审讯,这可急坏了李佑文的家人。一天，李佑文的弟弟突然想起，夏明翰是省里负责农民运动的头头，他哥哥夏雷根（即夏明翥）是自己最好的朋友，只要请夏明翰发个话，就可以救大哥。于是，他备上一些贵重礼品，急奔长沙搬救兵。

在办公室里，夏明翰接见了这位人称"小里手"的访客，见他那副满脸讨好的样子，便冷冷地问了一句："你找我有什么事？"

"嘿，嘿……"，"小里手"觉得不宜直说，便转弯抹角地绕圈子，"我是先生的哥哥夏雷根的好朋友，最好的朋友，只因为……"

"干脆点吧，有话直说。"

"哎，是，是。我是雷根的好友，情同手足，身如一体。过去和先生虽没有交往，但你兄即我兄，我兄即你兄，还望先生你高抬贵手，饶家兄一次，子子孙孙思恩图报。"

他一边说，一边将带来的东西往桌上一放，说："这点东西不像样子，只是略表心意。嘿嘿，请笑纳，请笑纳！"

"就这么一点？"夏明翰浓眉锁紧，不屑地问。

"啊，还有，还有。""小里手"以为这下可真是"有钱能使鬼推磨了"，赶忙从腰包里掏出一把银元递了过去。

只听"叭"的一声，银元被打落在地，夏明翰声色俱厉地斥责道："你把九如斋搬来吧！把金矿山抬来吧！混账东西，你看错了衙门，打错了算盘！"

"小里手"一时吓得目瞪口呆。

明翰愤慨地继续说："李佑文是罪恶累累的刽子手，你要我们高抬贵手，他却不会放下屠刀。你想收买夏三爹，那是白日做梦！"说完，又是"哗啦"一声，他把桌上的礼品全都扫到地上，厉声呵斥："睁开你的眼睛看看吧，这是什么人当权的地方，给我滚！"

"小里手"自讨没趣，只好灰溜溜地走了。

为了总结经验，推动工农运动的蓬勃发展，1926年12月1日，具有历史意义的湖南全省第一次农民代表大会和工人代表大会联合召开，大会由农委书记夏明翰、省总工会委员长郭亮主持。会议开了 26 天，夏明翰、易礼容、柳直荀共同为大会起草了 40 个决议案，交大会审议通过。随着会议精神在全省的贯彻落实，三湘大地的工农运动以春潮奔涌之势迅猛发展。

夏明翰主持农委工作的情况，历史档案《中共湘区一月份农民运动报告》（1927 年）有所记载。1927 年 1 月 4 日至 2 月 5 日，毛泽东考察了湘潭、湘乡、衡山、醴陵、长沙 5 县的农民运动。与此同时，夏明翰两次离开长沙，对湘南各县的农运进行调查，并以中共湖南区委的名义，主持撰写了这份报告。

## 中共湘区一月份农民运动报告（1927 年）

（1）农委情形

因农委书记明翰同志两次出巡，其余委员亦有外出之事，故本月只开会 5 次（应有 8 次），共有决议案 54 件，其未经会议决定解决之事，尚不在内。共收各地报告信件共计 324 封，复各地信件共计 184 件，派人出去巡查 4 次，发通告 4 次。

（2）农民组织

各县农民组织，另表列出。但此表系就 11 月底统计数，再加 12 月份之 10 余县报告计之，此表中之数目，当然［不］十分可靠。然此两月中之发展，依估计之数，尚有 200 万人，其中约有 1/4 为每户 1 人。故实在农协指导之下行动之农民，无论如何，皆在 200 万以上。

（3）乡村封建政治之崩坏

最近农民中之斗争已蜂起，凡破坏农协或以前侵吞公款者，农民皆起［而］攻击，或戴以高帽游乡示众，或被罚款，或聚集群众，到其家中，令其供给酒食。故平日压迫农民之地主、土豪劣绅，无不恐惧，不敢再把持乡村政治。乡村已成无政府状。

## 湖南各县农民协会会员统计表

| 县别 | 区协数 | 乡协数 | 会员数量 | 会员数量与现时党员数量之百分比 |
|---|---|---|---|---|
| 湘乡 | 44 | 498 | 190540 | 1.39% |
| 湘阴 |  | 67 | 176000 | 1.28% |
| 浏阳 | 21 | 586 | 139190 | 1.01% |
| 湘潭 | 17 | 450 | 120460 | 0.887% |
| 衡阳 | 23 | 244 | 88221 | 0.649% |
| 长沙 | 12 | 640 | 66425 | 0.685% |
| 安化 | 15 | 120 | 62300 | 0.455% |
| 醴陵 | 15 | 323 | 58476 | 0.427% |
| 宁乡 | 18 | 400 | 58000 | 0.424% |
| 郴县 | 14 | 696 | 57262 | 0.418% |
| 衡山 | 13 | 203 | 30016 | 0.292% |
| 近郊区 |  | 169 | 29475 | 0.215% |
| 临武 | 6 | 32 | 20000 | 0.147% |
| 攸县 |  | 29 | 18400 | 0.134% |
| 益阳 | 7 | 67 | 15680 | 0.114% |
| 华容 | 6 | 49 | 14652 | 0.107% |
| 宜章 | 10 | 185 | 14183 | 0.103% |
| 耒阳 | 9 | 149 | 12946 | 0.094% |
| 临澧 | 6 | 49 | 11560 | 0.085% |
| 茶陵 | 4 | 124 | 11260 | 0.082% |
| 永兴 | 16 | 107 | 10450 | 0.076% |
| 平江 | 17 | 162 | 10152 | 0.074% |
| 新宁 | 9 | 115 | 9746 | 0.071% |
| 常德 | 3 | 59 | 9545 | 0.009% |
| 宝庆 | 7 | 136 | 9377 | 0.068% |
| 武冈 | 8 | 40 | 9000 | 0.005% |
| 汝城 | 6 | 46 | 8865 | 0.064% |
| 汉寿 |  | 69 | 7226 | 0.052% |
| 南县 | 6 | 49 | 7000 | 0.051% |
| 株萍路 |  | 21 | 6464 | 0.047% |
| 新化 | 6 |  | 6377 | 0.046% |
| 桂阳 | 4 | 53 | 6243 | 0.045% |
| 祁阳 | 15 | 70 | 6000 | 0.043% |
| 鄙县 | 12 | 48 | 5468 | 0.040% |
| 资兴 | 5 | 79 | 5324 | 0.038% |
| 桂东 | 7 | 59 | 5193 | 0.037% |
| 新田 | 8 | 47 | 5150 |  % |
| 常宁 |  | 78 | 4549 | 0.033% |
| 慈利 | 11 | 48 | 4496 | 0.032% |
| （湘） | 7 | 95 | 4077 | 0.029% |
| 桃源 | 7 | 35 | 4000 | 0.029% |
| 沅江 | 3 | 19 | 3839 | 0.027% |
| 蓝山 | 4 | 51 | 3350 | 0.024% |
| 澧县 | 4 | 16 | 2549 | 0.018% |
| 嘉禾 | 3 | 27 | 2452 | 0.070% |
| 安乡 | 6 | 13 | 2298 | 0.016% |
| 永明 | 5 | 31 | 2182 | 0.015% |
| 岳阳 | 7 | 47 | 2010 | 0.014% |
| 溆浦 | 2 | 11 | 1965 | 0.014% |
| 道县 | 13 | 39 | 1435 | 0.010% |
| 泸溪 | 3 | 17 | 1306 | 0.009% |
| 绥宁 | 4 | 15 | 1111 | 0.008% |
| 宁远 | 8 | 13 | 892 | 0.006% |
| 城步 | 1 | 8 | 889 | 0.006% |
| 零陵 |  | 15 | 697 | 0.005% |
| 麻阳 |  | 9 | 630 | 0.004% |
| 芷江 |  | 4 | 274 | 0.002% |
| 总计 | 462 | 6867 | 1367727 |  |

此表系1926年11月底的统计

《湖南全省第一次工农代表大会日刊》

大会就湖南农运中的一些重大问题通过了40个决议案，反映了湖南农民在政治、经济、文化等方面谋求解放的强烈要求

夏明翰领导农运工作卓有成效，受到毛泽东的高度赞赏。1927年2月，当时主持中央农委工作的毛泽东，到武昌举办中央农民运动讲习所（武昌农讲所），亲笔给夏明翰写信，要求他去全国农民协会和农讲所工作。夏明翰接到来信后赶赴武汉，担任全国农民协会筹委会秘书长，兼任农讲所秘书，并在农讲所授课，有时应邀到中央陆军军事政治学校武汉分校作报告。

在武昌农讲所工作期间，夏明翰根据毛泽东的指示精神，组织制定了《中央农民运动讲习所章程》，它规定了该所的办学宗旨、目的、任务，以及学生必须遵守的纪律。

《中央农民运动委员会第一次议决案》第九条规定：农讲所军事编制及军事训练人员，由常务委员会拟定报告农民运动委员会决定。学员穿军装上课，相当于国民党的黄埔军校。足见农讲所影响之大、规格之高。它的创办，实际是为开展农民运动、发动武装斗争做准备。

夏明翰还协助毛泽东调查处理各省农民协会的情况和问题，总结农民运动的经验，编写和印发农运教材与讲义。

1927年3—6月，来自全国17个省的800多名学生在农讲所学习马列主义理论，聆听毛泽东、瞿秋白、李立三、恽代英、彭湃、方志敏、夏明翰等共产党人讲授的"农民问题""农村教育"等课程，积极参与社会活动，调查研究当时中国革命的中心问题——农民问题。

中央农民运动讲习所的创办，在全国造成了很大的影响，并引起社会各界的关注，汉口《民国日报》等媒体对农讲所做了报道。

汉口《民国日报》关于武昌中央农民运动讲习所开学典礼盛况的报道

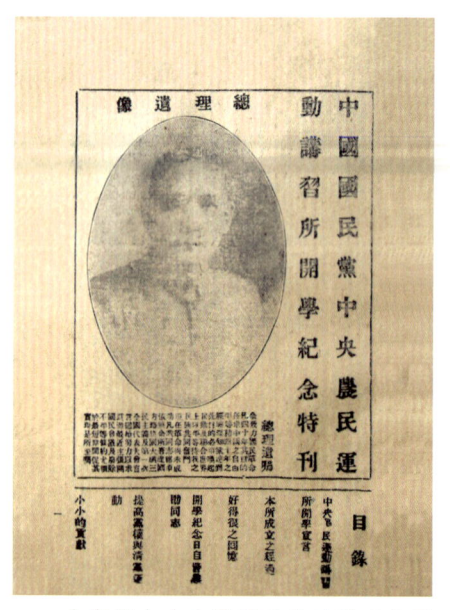

为庆贺中央农民运动讲习所正式开学，农讲所编辑《中央农民运动讲习所开学纪念特刊》，登载有《开学宣言》《本所成立之经过》《好得很之回忆》等文

第三章 一门英烈

位于武昌红巷（原黉巷）13号的农讲所旧址

农讲所学生的训练场地

第三章 一门英烈

农讲所内夏明翰的办公室

农讲所礼堂

红色家庭档案——夏明翰一家五烈士

农讲所学生佩戴的胸章　　农会会员证

## 武昌农讲所人物名录

**教职员**

| | | | | |
|---|---|---|---|---|
| 赵子健 | 龚式农 | 陆沉 | 于树德 | 陈启修 |
| 余鸿鋆 | 陈其瑗 | 罗绍征 | 黄书亮 | 孟天培 |
| 恽代贤 | 郭沫若 | 李之朴 | 黄赤光 | 苏兆征 |
| 徐谦 | 孙科 | 鲍罗廷 | 顾孟余 | 高语罕 |
| 施复亮 | 周佛海 | 彭泽民 | 王觉新 | 郭海珊 |
| 周承泽 | 郭增昌 | 杨树松 | 季刚 | 杨子江 |
| 梁厚亭 | 李季 | 张德全 | 陈德荣 | 彭乃嘉 |
| 胡必寿 | 沈家惠 | 张肖瑜 | 杨醒吾 | 常义荣 |
| 王安菊 | 刘忠显 | 赵新祥 | 熊新 | 杨安福 |
| 何利田 | 叶文龙 | 孙少朴 | | |

**学员**

| | | | | |
|---|---|---|---|---|
| 黄琦 | 庄兰香 | 邓诗福 | 黄万镒 | 潘季川 |
| 徐继文 | 邹远霞 | 张培庆 | 刘理南 | 丁泽润 |
| 段启礼 | 汪冀民 | 高念慈 | 谭大玉 | 谢匡民 |
| 李子厚 | 胡子乔 | 瞿枯 | 朱光寿 | 张鸣秋 |
| 熊国琨 | 罗本和 | 李紫初 | 夏传贤 | 卢学夔 |

| | | | | |
|---|---|---|---|---|
| 芦崇奄 | 李晋 | 王必裕 | 徐鼎新 | 李万镒 |
| 胡家善 | 肖威白 | 翁冒卿 | 何仁亲 | 肖哲生 |
| 鲜世烈 | 邹世章 | 唐慕尧 | 薛世让 | 游雨春 |
| 王运炎 | 万兆文 | 马国材 | 乐列安 | 王靖兰 |
| 张元林 | 陈纪尧 | 王植斋 | 郭其森 | 邓民善 |
| 陈信存 | 罗本德 | 李永耀 | 陈仁杰 | 郭燮龙 |
| 刘宋立 | 陈念夷 | 华润民 | 黄贤超 | 杨中理 |
| 汪良玉 | 张树香 | 林志超 | 杨吉甫 | 熊飞 |
| 明汉发 | 邹胜意 | 石世龙 | 彭乃嘉 | 黄孝子 |
| 熊道照 | 刘光明 | 刘心丹 | 刘文生 | 万性全 |
| 陈学锐 | 刘心丹 | 祝培农 | 祝遐龄 | 陈道远 |
| 高之杰 | 周靖 | 朱春山 | 廷香 | 孟训明 |
| 方之政 | 肖顺章 | 王顺生 | 谭晓堂 | 邓巨昌 |
| 王玉益 | 李建中 | 张毅 | 易赞国 | 姚协中 |
| 唐冠南 | 彭声振 | 蹇启鹄 | 范泽渝 | 彭蔚琪 |
| 肖荣敷 | 李剑冰 | 刘廑沛 | 王国镇 | 陈敬杰 |
| 潘慧芳 | 狄雨楼 | 张亚 | 胡启林 | 陈余庆 |
| 何汉凌 | 吴青云 | 颜退省 | 于敏树 | 欧阳毅 |
| 易慎斋 | 李亚平 | 彭硕夫 | 粟徽祥 | 钱孟元 |
| 李亚民 | 舒彤 | 李振鹏 | 吴雄 | 李金台 |
| 龚颂生 | 张绍龄 | 王俊 | 李昌钟 | 冯立槐 |
| 曹及之 | 左震 | 刘官清 | 张桢干 | 钟少奎 |
| 汪溉 | 张调元 | 李志义 | 朱渊 | 印绶 |
| 胡世英 | 张世英 | 余潘 | 张一 | 朱其昌 |
| 吴天培 | 魏德森 | 杜成渝 | 刘家驹 | 叶培助 |

1927年6月18日，武昌农讲所举行毕业典礼，大多数学生被委任为农民协会特派员，深入农村开展农民运动。大革命失败后，许多师生参加了党领导的武装起义，走上了用枪杆子夺取政权的革命征途

"梭镖主义就是好！"夏明翰回击了党内对"农民要武装"的质疑；他参与和组织了秋收起义，发动领导了平江暴动。

1927年4月12日，蒋介石在上海发动反革命政变，血腥屠杀共产党人和革命群众。夏明翰极为悲愤，当即在一张载有革命同志被杀害消息的报纸上挥笔写道："越杀越胆大，杀绝也不怕。不斩蒋贼头，何以谢天下！"

1978年6月13日，人民军队无线电通信事业的先驱、中央档案馆馆长曾三同志回忆说，马日事变前两个月，省委开会讨论农民协会怎么搞。夏明翰在会上发言，主张农民要武装，坚决要武装。当时任省委宣传部部长的薛世轮说："你用什么去武装呢？"夏明翰说："用梭镖武装起来呀！"薛世轮哈哈大笑，讽刺夏明翰说："你这是梭镖主义！""梭镖主义就是好！"夏明翰回击了薛世轮，"不管是梭镖、大刀、长矛，都可以，农民必须要有武装。"

许多人都同意夏明翰的主张，从此"梭镖主义"就传开了，而反对梭镖主义的薛世轮，后来成了人民的叛徒。

关于这段时期夏明翰的任职情况，《毛泽东年谱（1893—1949）》有如下记载：

> （1927年）6月24日 中共中央政治局常委会第三十一次会议决定：组织新的湖南省委，由毛泽东等十七人组成，毛泽东、何资深、夏明翰、李植、林蔚为常务委员，毛泽东任书记。毛泽东随即赴湖南长沙，从事恢复党的组织关系，打通长沙附近各县及衡阳、常德等地与省委的联系，并计划成立湘南、湘西及宝庆指挥委员会，分别指挥所属各县的政治、军事、党务工作，恢复党的组织。

湖南省委改组后，1927年7月，夏明翰根据毛泽东的指示，以湖南省委常委、组织部长的身份，前往江西萍乡安源煤矿，贯彻中央精神，布置隐蔽和保存革命工人武装，做好武装起义的准备工作。7月23日，中共湖南省委在给中央的信中报告安源煤矿工人武装的情况："表面虽极端灰色，内部则招兵买马，积草屯粮，以图到时一用。"

党的"八七"会议后，毛泽东以中央特派员的身份回到湖南，根据中央举行武装起义的精神，再次改组了湖南省委，夏明翰任省委委员、组织部部长，协助毛泽东组织领导秋收起义，主要负责联络工作。他经常深入附近各县及长沙郊区，发动党的基层组织和人民群众。

1967年4月，夏明翰夫人郑家均回忆夏明翰这时的情况说："有次夏明翰回家生了虱子，我问他怎么搞的，他说在农村跑一天跑一百八十里，衣服湿了再干，干了又湿，所以生虱子。"

1927年8月30日，中共湖南省委决定，派省委委员夏明翰、省委特派员李六如到平江发动组织秋收暴动，夏明翰、李六如和中共平江县委负责人毛简青、罗纳川为配合毛泽东发动的湘赣边界秋收起义，成立了平江县秋收暴动委员会，罗纳川任总指挥。

1985年1月，时任全国政协委员罗章龙接受采访时回忆："1927年，革命处于高潮时，藏在革命队伍里的国民党右派蒋介石、汪精卫突然叛变。在此严重关头，党中央有个部署，就是把在武汉的中共中央委员调到一些重要省份，以加强地方工作。中央本来决定毛泽东到四川，毛泽东认为四川没有基础，坚持要回湖南，中央同意了。……八七会议后，毛泽东、彭公达回到长沙，随即召开省委会议，传达了中央紧急会议精神，明确指出了在秋收季节组织武装暴动。这次传达会是在长沙市北郊沈家大屋召开的。参加会议的有夏明翰、易礼容、林蔚、曹典琦、彭公达、何资深、文虎、熊季光、龚际飞、罗学瓒、滕代远、谢觉哉、李子骥等。"可以看出，夏明翰是秋收起义的主要领导者之一。

1927年9月16日，夏明翰、李六如、毛简青组织献钟、梅仙、思村、安定等地一万多人举行起义，围攻平江县城，但由于未能充分发动群众，组织领导等工作不够完善，武器装备落后，缺乏军事经验，攻打没有成功。

21日，夏明翰、李六如总结经验教训，武装袭击国民党献钟镇警察所。当天半夜过后，罗纳川的信号枪一响，暴动队的六路人马一齐冲向献忠镇，喊声震天，把全镇紧紧包围。暴动队员们像潮水似的涌进街内。冲在最前头的是10多个大汉，一手擎着火把，一手拿着大刀。罗纳川手执驳壳枪，指挥着大队人马冲进警察所，缴枪3支，缴获逃亡恶霸遗留的1只皮箱，箱内除契券外，还有400大洋和1只金钏。当晚暴动队还冲进厘金局，逮捕了作恶多端的厘金局长及劣绅数人。第二天在献钟镇河岸的沙滩上，召开了几千人的大会，公审和处决了两名民愤极大的土豪劣绅。

夏明翰、李六如与罗纳川决定趁热打铁，夺取辜家洞泰安垭挨户团的枪，扩大暴动成果。辜家洞离献钟镇有10多公里，大地主、大恶霸比献钟镇一带的多。刚开始罗纳川只知道挨户团有4支枪，没弄清散藏在地主恶霸家里的枪支达30多支。当晚暴动队准备兵分三路攻打挨户团驻地时，还没来得及分开队伍，突然一阵雨点似的枪弹，从左右两面射过来，暴动队员被包围了。罗纳川带领队伍突围，经过激战，暴动队虽然突出重围，却有几个队员被敌人捉去，罗纳川下落不明。

天快亮时，夏明翰、李六如才得到情报，二人直奔暴动指挥部，正好碰上脱险归来的罗纳川。这时，有人送来紧急情报：挨户团要把捉到的暴动队员送往县城，估计会走黄花潭那条路。夏明翰当即组织30多个精壮暴动队员，由罗纳川率领，抄近路直插黄花潭，埋伏在险要处。一场伏击战，不但把捉去的人救回来了，还夺得了3支长枪，俘虏2人。12月，暴动队乘胜追击，捣毁了长寿等地的警察所，击溃了沙垭等地的挨户团，镇压了一大批罪大恶极的反革命分子。

这年10月，夏明翰根据中共湖南省委的指示，受命兼任平（江）浏（阳）特委书记。他来到浏阳北乡与浏阳县委书记潘心源取得联系，恢复了浏阳县委。他深入当时党的力量薄弱的西乡发展党员，10月中旬，在苦竹坳、青草等地吸收谭一、何长嫂夫妇等4人入党，随即成立苦竹坳支部。接着，夏明翰、潘心源等又到浏阳与醴陵交界的春江、

浏阳文家市群众写的反清乡标语

打牛岭、白毛尖，浏阳与株洲交界的水口、北星，以及浏阳与长沙交界的柏嘉山、笔架山一带活动，也发展了一批党员。

10月下旬，夏明翰和潘心源为回击国民党反动派的猖狂进攻，先后在浏阳县北乡梁陂头、刘家庵、幸福岭等地，召开党的活动分子会议，组织和发动武装斗争。月底，又在沙市、北盛交界的蒿山吴王庙，召开誓师大会。会前备好了草鞋100双、炸弹20枚、长枪4支、短枪2支和几十把梭镖。

会上，夏明翰动员大家起来抗租、抗税、抗粮，开展武装暴动，镇压反革命分子，用赤色恐怖来回击敌人的白色恐怖。他说："大家要克服各种困难，没有枪的就用刀，柴刀、菜刀都行。要到处刷标语、散传单，大造暴动声势。通过各种办法把宣传品送到团防局、联防队门口去，动摇他们的军心。"最后，他宣布："今晚是暴动的第一把火，今后要把这把火到处燃烧起来，把一切反动派通通烧死在熊熊烈火之中……"参会人员听了夏明翰的动员报告，群情振奋。

开完誓师大会，已是东方发白，原定出师攻打北盛联防队的计划只好改变。但是这次会议为反击反动派的战斗拉开了序幕,擂响了战鼓。会后,浏阳县各地的革命武装在党的领导下,如雨后春笋般建立起来,多次击溃进扑的敌人,原先跑回当地的土豪劣绅又纷纷往外逃窜。

1927年11月初,夏明翰和潘心源在砰山丰福岭巴蕉冲召开浏阳北乡党组织负责人会议。会议研究了加速党组织恢复,深入开展抗租、抗税、抗粮的"三抗"和肃反等工作。会后,北乡的东三里、枫林洞、石膏塅、枫浆、砰山、淳口等地恢复了党的组织。

夏明翰在平江、浏阳的活动,有力地配合和支持了毛泽东率领秋收起义部队向井冈山进军和创建井冈山根据地的伟大斗争。

夏明翰对湖南秋收暴动的看法等,在1927年9月27日任弼时同志写给中央的报告中有具体陈述:

中央:

我于二十日由汉动身,九月二十二到长沙,二十三早会到马也尔,此时他与省委已音信不通。二十五方见彭公达,二十六会见夏明翰,二十七日开省委常委会议一次。

……错过了时机固然是长沙暴动未能成功的原因,但是没有广大的农民群众起来参加暴动,如鄂南农民一样,实为整个暴动失败的极大关键。据明翰同志说,这次我军所到之地农民并未起来,远不及北伐军到时农民的踊跃。大多数农民甚恐慌不敢行动,恐怕军队失败、大祸临来的心理充满了农民的脑筋。当我军到浏阳召集农民群众会议时,没有多少农民参加……据我看来,农民群众没有起来,固然马夜事变的打击有影响,但重要的原因还是因为我们行军所到之地,没有替农民做出一点没收土地、屠杀豪绅的事实。如鄂南那样杀土豪劣绅、没收土地等,在平浏一带这次做得非常之少。以致不能得到农民群众的拥护,实有极大的关系。其他湘西湘南没有起来,不能分散敌人力量,不能指挥工人行动(……工人未能罢工等),没有多做士兵工作,缺少宣传等,

任弼时在1927年春的留影

当然也是暴动失败的重要原因。

………

　　今日省委常委会主要讨论的问题，就是通过工作计划，除关于批评停止十六号暴动是错误一条当须从长讨论外，余均通过。省委组织因明翰、礼容为当局秘密通缉，且党内亦发生奸细，使他们完全不能行动，没有多大作用，事实上仅公达一人向外接洽，于工作非常不便。因此，今天省委决定派明翰到常德主持湘西暴动，礼容到衡阳主持湘南暴动（因此二处均预备组织特别委员会）。……

弼时<br>九月二十七日夜 ①

　　"世上唯有家均好，天下谁比明翰强。"在夏明翰与郑家均的婚礼现场，同事们撰写婚联庆贺；临刑前，夏明翰留言"曾说世上唯有家

---

① 中共中央文献研究室、中央档案馆编《建党以来重要文献选编（一九二一—一九四九）》第四册，中央文献出版社，2011，第512—515页。

均好，今日里才觉得你是巾帼贤"，嘱咐爱妻"坚持革命继吾志，誓将真理传人寰"。

1924年，夏明翰与湘绣女工郑家均在长沙万福街的湘区区委机关报相识。郑家均1905年出生于湖南望城县郑家町一户人家，小名莲妹子。她性情温和，正直不阿。在表哥熊瑾玎的引导下，思想倾向进步，向往革命道路。夏明翰、郑家均二人接触后志趣相投，于1926年喜结连理。

新中国成立后，郑家均在不同场合就她与夏明翰的婚姻情况做过如下介绍：

> 我们是民国十五年结婚的，订婚是民国十三年，结婚时祖父已死好几年。他从家庭出后，一直未和家庭联系，我们结婚不是他家订的，是在外面结婚的，结婚后，他母亲来看了一下。

> 关于蚊帐问题。我是一九二五〔六〕年与夏明翰结的婚，帐子是我结婚时我母亲送给我的礼物，它是我母亲用麻一根一根织成的，我到都府堤时，就把帐子带来了。后来夏明翰同志牺牲了，我想帐子虽破了，我认为它是我们的纪念品，所以我精心地把它保留到现在。一九六七年军代表老牟和原越剧团马巧珍同志知道我在北京住，并知道我已把帐子带到了北京，就到我那里把帐子拿到"农讲所"来了。

结婚的那一天，好友何叔衡、李维汉、谢觉哉、郭亮、易礼容等前来道贺。洞房设在长沙清水塘，屋内摆设简朴，仅有一张床、一张方桌和几条板凳，但却喜气洋洋。

在婚礼现场，同事们撰写了一副婚联："世上唯有家均好，天下谁比明翰强。"在这副婚联背后，是朋友们熟知的夏明翰、郑家均之间的深情厚意。

在夏明翰与郑家均平时交往的过程中，两人总是互相谦让，互相鼓励。每当夏明翰提起郑家均，他总是说："家均好，家均好！"而当同志们问起夏明翰时，郑家均又总是谦恭地说道："明翰蛮强的。"

夏明翰到武汉后不久，将郑家均接来。1927年四一二反革命政变后，政治环境更趋恶劣，郑家均陪伴着丈夫，会朋友，送文件，传书信，望风放哨。

1927年5月21日湖南反动军官许克祥发动马日事变后，郑家均和夏明翰先后回到长沙，曾住在沈家大屋，夏明翰从事秋收起义的准备工作。

关于秋收起义前在沈家大屋的情况，郑家均回忆说：

> 农历七月二十日左右，我们从肇家坪搬到沈家大屋住。这时毛主席也住在这里。他们开会是在楼上堂屋里。平时为了做掩护工作，就经常在楼下堂屋打牌玩。
>
> 当时形势很紧张。夏出去，我就很担心，怕出事，经常对夏说要小心，夏说："怕什么，一人倒下千人起，春风到处野草生。"还经常说："不砍蒋贼头，何以谢天下。"
>
> 有一天，夏明翰从外面回来，带回一颗小红宝石回来给我，我说："你买这东西干什么？"夏说："给你镶一个戒子带。"我说："我们这种人，怎么带戒子？"夏明翰说："这代表我的一颗心，送给你，也希望你是这心。"这时我才体会到：我不是党员，他希望我像他一样坚定，在形势紧张的情况下，不会变心。"

郑家均并且牢记夏明翰的嘱托，虽然与夏明翰住在党的秘密机关，但对机关的情况，从来没有对外界泄露，对夏明翰从事的工作，也从不打听。

1927年10月26日，他们爱情的结晶、可爱的女儿诞生，取名夏芸。郑家均不仅担负起了抚育女儿的责任，还继续为革命尽心竭力。

1927年春，夏明翰和夫人郑家均在武汉合影

红色家庭档案——夏明翰一家五烈士

1927年春,夏明翰、郑家均、许文煊(易礼容夫人)在武昌黄鹤楼

1928年初，夏明翰再次调往湖北。此时的武汉，腥风血雨，鹰犬密布，国民党反动派四处张贴布告，通缉夏明翰。但他毫无畏惧，欣然赴命。

夏明翰刚到武汉就被叛徒出卖，在监狱里，他强忍被敌人毒打的剧痛，给亲人写了三封信，在给夫人郑家均的信中写道：

亲爱的夫人均：

同志们曾说世上唯有家均好，今日里才觉得你是巾帼贤。我一生无愁无泪无私念，你切莫悲悲凄凄泪涟涟。张眼望，这人世，几家夫妻偕老有百年，抛头颅、洒热血，明翰早已视等闲。"各取所需"终有日，革命事业代代传。红珠留着相思念，赤云孤苦望成全。坚持革命继吾志，誓将真理传人寰！

夏明翰、郑家均在武昌的住所

写完之后，夏明翰用嘴唇沾上鲜血，在信的末尾留下了一个饱含深情的唇印。

20世纪50年代，郑家均写下《痛悼明翰》组诗，表达了对夏明翰的深切怀念之情。

（一）

噩号传来急，伤心欲断肠。

临空一樽酒，追悼忆生平。

痛悼明翰：

(1) 噩号传来急，
伤心欲断肠。
临空一樽酒，
追悼忆生平。

(2) 悲风切切雨凄凄，
闻君血战汉阳西。
哭望天涯肠寸断，
倦々心目梦魂依。
白骨已随长江浪，
惟留幼女慰孤凄。

(3) 犹忆当年成连理，
今朝弦断各东西。
别母抛妻为祖国，
毕生精力献人民。
当年刑场洒热血，
忠魂尤绕汉阳城。

(4) 赤胆红心交给党，
满腔热血为国挥。
英雄气慨今尤在，
革命遗风万古飘。

郑家均《痛悼明翰》手稿

砍头不要紧，
只要主义真。
杀了夏明翰，
还有后来人。

录先夫明翰烈士就义诗
赠给青年同学
郑家均 公元一九六〇年
五月十音

郑家均书写的夏明翰《就义诗》

第三章 一门英烈

1973年5月26日，郑家均等在武昌都府堤41号（毛泽东同志旧居）合影。后排左一：原全国侨联主席张国基；左二：杨开慧烈士哥哥杨开智。前排左二起：夏明翰烈士夫人郑家均，杨开智夫人李崇德，罗哲烈士夫人曹云芳，毛泽覃烈士夫人周文楠，毛泽东家的保姆陈玉英

(二)

悲风切切雨凄凄，闻君血战汉阳西。
哭望天涯肠寸断，倦倦心目梦魂依。
白骨已随长江浪，惟留幼女慰孤凄。
犹忆当年成连理，今朝弦断各东西。

(三)

别母抛妻为祖国，毕生精力献人民。
当年刑场洒热血，忠魂犹绕汉阳城。

(四)

赤胆红心交给党，满腔热血为国挥。
英雄气慨今尤在，革命遗风万古飘。

1975年3月，郑家均病逝于长沙。2003年4月25日，郑家均的骨灰由长沙迁至衡阳明翰公园，安葬在夏明翰烈士铜像后面。从此，这对情深意笃的革命夫妻，在经历了四分之三个世纪的风雨之后，又相聚在一起，在另一个世界长久相伴。

**夏明翰与毛泽东、彭公达、易礼容受到不公正处分，但他不计较名誉地位和个人得失，顾全大局，继续全身心投入党的工作，体现了坚强的党性观念。**

1927年11月9日至10日，中共中央临时政治局召开扩大会议，会议讨论通过的《政治纪律决议案》，11月14日经中央常委会议修改审定通过。

《政治纪律决议案》指出：

(二) 自从今年七月事变公开宣言退出国民政府之后，决定抛弃以前迁就资产阶级领袖的妥协政策，坚决的领导工农群众起来武装暴动，八七会议更加详细的指出：一、以前本党犯了机会主义的错误，今后应当毫不犹豫的信赖群众的力量，彻底实现土地革命的政纲。并且决定于秋收时间于湘鄂赣粤四省领导农民举行暴动，去进行土地革命的斗争。

（三）这一政策的执行，不应有丝毫犹豫的余地，但是在各省暴动过程中本党的指导机关与负责同志做出许多违背策略的严重错误：

一、……

二、……

三、湖南省委对于农民暴动的指导更是完全违背中央策略。中央屡次指出湖南暴动应以农民群众为其主力，并且向省委书记彭公达同志当面警告其军事投机的错误，要省委改正此错误，把暴动主力建筑在农民群众上面，遵照中央两湖秋暴计划切实准备，当时经过反复辩论，结果彭公达同志虽勉强接受，但省委的指导仍然没有改变旧的军事投机的错误：（1）公达违背中央的指示，把暴动看做一种单纯的军事行动，只与土匪和杂色军队接头，不引起极大农民群众起来暴动，以致暴动开始除安源的工人很勇敢的参加斗争外，各地农民群众实在没有一点行动；（2）在暴动区域以内完全没有提出土地革命和政权的具体政纲，以致农民只以为是共产党的捣乱，甚至省委怀疑农民应需要土地，反对提出实行八小时工作制的口号；（3）在工农军所经区域以内没有执行屠杀土豪劣绅的策略，以致农民视若客军过境，因这些指导上的错误与怀疑的结果，湖南农民暴动变成了单纯的军事投机的失败。

…………

（五）中央临时政治局扩大会议，对于上列执行错误政策之党部执行机关及负责同志，决定下列的处罚。

一、……

二、……

三、……

四、……

五、……

六、湖南省委委员彭公达、毛泽东、易礼容、夏明翰，应撤消其现在省委委员资格，彭公达同志应开除其中央政治局候补委员资格，并留党察看半年。毛泽东同志为"八七"紧急会议后中央派赴湖南改组省委执行中央秋暴政策的特派员，事实上为湖南省委的中心，湖南省委所作的错误毛同志应负严重的责任，应予开除中央临时政治局候补委员。①

从《政治纪律决议案》来看，当时中央认为湖南省委领导秋收暴动犯了严重的盲动主义错误，故撤销了彭公达、毛泽东、易礼容、夏明翰4名委员的职务。

1928年初，被撤销职务的夏明翰调中共湖北省委工作，但并未明确为省委委员，更没有明确为省委常委。1928年2月23日，湖北省委召开了第26次常委会议，从《湖北省委第二十六次常务委员会记录》看，夏明翰以"一羽"的名字参加了会议。会议有中心问题意见报告、鄂东北特委问题等4项议题。夏明翰在会上作了3次发言，现摘录其两次重点发言内容：

一羽：政治中心和割据区域应为一，全省布置有几点可以改正。人的问题，我可以不参加，贺昌调开，工作有损，候中央解决。中心问题，我仍维持以前意，但决定由中央。2.工作布置要注意鄂中是很对的。铁路、海员、市政工人的重要，也是对的。但我并没有以纱厂、车夫等为中心。至于大冶职运已经注

---

① 中共中央文献研究室、中央档案馆编《建党以来重要文献选编（一九二一——一九四九）》第四册，中央文献出版社，2011，第642—646页。

意。京汉路亦派三人，但无钱走，要中央专门派人来做长江工作。其他是完全同意。3.学参来信，中央来的东西，没有传到下层群众中去，惟我同意。

至于过去，来信所指出的错误的以前因怕工作损失，挽留贺昌，不是不遵中央命令，现为留贺昌而引起下层纠纷，则可以遵照中央命令让贺走，以免惹起纠纷。

一羽：政治中心成割据局面更有意义，中央不是据此理由，是根据党的力量的湖南力量并不比湖北好，中央派我来，并未说明我加入常委，且未说要我加入省委，来此省委要我参加，至我参加与否无关系，在工作上讲，还要留贺昌，如因留贺昌而引起纠纷，当然可以走。

会议形成4条决议：

A、中心问题省委维持原有意见，同志有意见写信寄中央，党中央解决。

B、贺昌同志为避免引起内部纠纷，便利工作，遵照中央来信起见，特允其离开常委。

C、黎宇暂理军委事务。

D、一羽照常参加常委。[①]

从会议记录和夏明翰的发言可以看出，夏明翰理想信念坚定，原则性强，在自己受到不公正处理时，不计较名誉地位和个人得失，顾全大局，承受委屈，坦然表达自己的意见，服从组织安排，克服各种困难，积极投身党的工作。

当时，夏明翰明知武汉的形势更加严峻和危险，仍然不顾春节将

---

① 中央档案馆、湖北省档案馆编《湖北革命历史文件汇集（省委文件）一九二八年》，1984，第297—303页。

夏明翰到武汉后，在法租界的一家旅馆内会见党中央代表李维汉。这是当时法租界的旧貌

至和妻子分娩不久，毅然告别妻女，匆匆赶赴武汉。他一到汉口，便迫不及待地寻找省委机关和地下同志。可是每到一处，门上贴着的不是十字封条，便是"此人已迁别处"的字条。经过一段艰难曲折的寻觅，他终于找到了省委机关，并通过一个朋友的关系，住进了湖南商号。

此时，在上海的党中央派李维汉到武汉。夏明翰和郭亮来到法租界一家旅馆，见到了李维汉，三人开了一个小会。李维汉向他们传达了中央精神，共同研究决定取消不顾敌我形势而盲目冒险的两湖年关暴动计划，并迅速通知各地党组织，扎扎实实做好组织巩固工作，发展武装力量，开展游击活动。

会后，夏明翰冒着生命危险，联络各地同志，传达省委决定，统一大家思想。按照中央和省委指示，各县农民武装在党组织领导下转移，靠山的上山，靠湖的下湖，停止了年关暴动。

农历除夕之夜，夏明翰再次来到李维汉住处，汇报转移情况，共同研究党的工作。事隔两天，李维汉得知武汉卫戍司令部侦缉队来此盯梢，便立即到湖南商号通知夏明翰赶快转移。夏明翰同郭亮商量后，决定由夏明翰护送李维汉到轮船码头，立即回上海。

**在生命结束前夕，夏明翰忍着行刑后的剧痛，留下了三封感人至深的遗书。在刑场上，挥就千古绝唱《就义诗》。**

元宵节过后，夏明翰以大商人身份，搬到汉口东方大旅馆，同当时在武汉坚持地下斗争的徐特立、谢觉哉、熊瑾玎等取得联系。他从谢觉哉处得知交通员宋若林不可靠的消息后，回东方大旅馆准备转移，这时敌人军警根据宋若林的密报闯了进来，将他逮捕。敌人搜查了他的住房，得到一个手电筒、一块怀表、一副近视眼镜，党内机密文件则一无所获。

国民党反动派把夏明翰关进了监狱。这牢房，阴暗潮湿，四面无窗，只有一扇铁门，门外岗哨林立，房内血腥味、汗骚味、痰臭、霉气混杂，臭不可闻。夏明翰虽身陷囹圄，戴着脚镣手铐，但仍关心难友，不时地给他们讲革命形势，鼓舞大家的斗志。

第一次过堂，审判官以为只要软硬兼施，夏明翰就会乖乖就范。审判官说："我请先生到这个地方，无非想交换一点看法。看来共产主义不适合中国国情，想劝先生放弃自己的信仰，与我们通力合作。"

夏明翰轻蔑地回答："此时此地，我同你谈论共产主义，看来是对牛弹琴。你们屠杀劳苦工农，欠下了血债。总有一天，这笔账要同你们算的。"

审判官又"劝"夏明翰三思而行，说什么"先生年纪轻轻，上有老母，中有爱妻，下有娇儿，就这么随便抛妻弃子，未免太可惜"。夏明翰放声大笑，说："为共产主义事业奋斗终生，我已不是三思而行，而是一直意志坚定。"又说："共产党人热爱国家民族，热爱劳苦工农，当然也热爱自己的亲人，爱妻子儿女。但是，为了劳苦工农的解放，为使后代能过上美满幸福的生活，我们随时准备牺牲自己的生命。"

敌人原以为夏明翰一介书生，恩威并用就可以使他屈服，但他们

1928年元宵节后，夏明翰以商人身份入住汉口东方大旅馆（现汉口中山大道755号）。这里曾经是大革命失败后中共领导人的驻地、党的秘密联络点。由于叛徒告密，夏明翰不幸于3月18日被捕

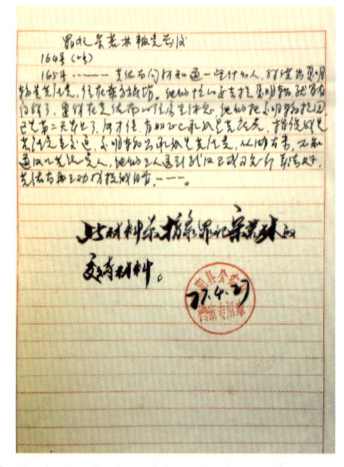

叛徒宋若林，曾任夏明翰、向警予的交通员，慑于白色恐怖，企图逃离武汉。他编造谎言从夏明翰手中骗取银洋后准备购买船票返湘时被捕，为苟且偷生，他向敌人招供了夏明翰的身份和住址。这是新中国成立后审讯叛徒宋若林的笔录摘抄

第三章 一门英烈

汉口《国民日报》1928年3月21日关于拘捕、枪决共产党人的新闻报道

夏明翰用过的眼镜、梳子、茶壶，这些也是他仅存的遗物

105

汉口余记里刑场旧址

使尽各种伎俩都达不到目的。束手无策的反动派兽性大发,将夏明翰捆绑起来用皮鞭抽打,竹签插手指、铁丝穿鼻梁的酷刑都用上了,夏明翰被折磨得血肉模糊,最后昏死过去。

回到牢房醒来以后,他挣扎着拾起敌人叫他写"自首书"的纸笔,给母亲、妻子、大姐写了三封家书,表达自己宁死不屈、坚信共产主义的决心和意志。在夏明翰牺牲以后,难友们通过外面同志的关系把这些信从牢房里秘密传了出来,辗转送到了夏明翰的亲人手中;他在刑场上留下的《就义诗》,事后亲人们花钱从狱卒手中买了过来。令人万分惋惜而又悲痛的是:这件珍贵的革命文物虽经夏明翰的亲人秘密珍藏了15年,还是被国民党反动派查获烧毁了。

在敌人最后一次审讯夏明翰的法庭上,首席法官按照通常程序问他姓什么,籍贯哪里,然后问他有无宗教信仰。夏明翰明确告诉敌人:"我们共产党人不信神,不信鬼。"接着自豪地铿锵回答:"我信仰共产主义!"

1928年3月20日(农历二月二十九)清晨。烟雨莽苍苍,龟蛇锁大江;风满黄鹤楼,云压鹦鹉洲。夏明翰被刽子手们押到汉口余记里刑场,当执行官问他还有什么遗言时,他大声说:"有,给我拿纸笔来!"

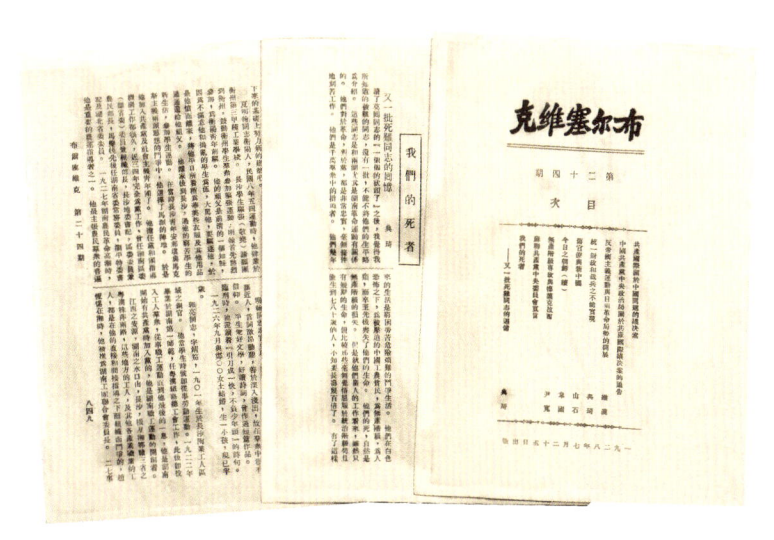

党中央的机关刊物《布尔塞维克》，在1928年的第二十四期中，登载了有关夏明翰烈士生平事迹和死难经过的文章

夏明翰以笔蘸墨，写下了千古绝唱《就义诗》："砍头不要紧，只要主义真。杀了夏明翰，还有后来人。"

写毕，夏明翰将笔一甩，正义凛然地厉声喝道："开枪吧！"

夏明翰牺牲后，谢觉哉同志组织工人，把他的遗体从敌人手下偷运出来，安葬在汉阳城外长江边的鹦鹉洲。

就这样，伟大的共产主义战士，人民的好儿子夏明翰慷慨赴义，走完了他短暂而又光辉的28个春秋的生命之路。夏明翰虽然走了，但他的精神永存，激励着千千万万"后来人"在为中华民族伟大复兴的征程上奋勇前行！

## 二 夏明震：铁肩担道义，农运逞英豪

黑水潭里的呼号声沉重着！

东方的残花，

被雨点践踏着！

更有一遍求救声，
凄凄惨惨着！
都时时在我耳鼓里，
颤动着！
我非不欲做洋博士，
无奈我的心太不残忍，
实在不敢存这个希望。

这是夏明翰的四弟夏明震在1924年10月20日写的感时诗《东方的残花》。当时，中国人民外受帝国主义国家的欺凌，内受封建军阀和地主豪绅的压迫与剥削，在"凄凄惨惨"地呻吟。民族的危亡，人民的痛苦，促使名震决心脱离封建家庭的桎梏，投笔从戎，不做"洋博士"，投身革命。

听到哥哥要与封建家庭决裂，14岁的夏明震赞同说："你先冲出去，以后，我一定跟你走！"

夏明震（1907—1928）

1907年2月6日（1906年农历十二月二十四日），夏明震出生于祖父夏时济居官的上海官邸，依据夏氏班辈，属明字辈，父亲为他取名明震，号春根，希望他将来出人头地，有所作为。

夏明震父母共生育6个男孩，在兄弟6人中，明震排行第四，与其他5人为同父异母兄弟，夏明翰是其三哥。

明震生下来才半岁，生母章氏病故，由其父的原配夫人陈云凤哺育。陈云凤知书达理，心地善良，对明震视同己出，且对小明震多有偏爱，处处关心体贴，让他长就了一副健硕的身体。据传夏明震在6兄弟中，是长得最英俊漂亮的"小帅哥"。

1912年，夏时济弃官还乡，夏明震跟随全家回到衡阳，寓居江东岸肖顺吉堂，在私塾接受3年启蒙教育。1916年秋，他进入衡阳城区第三国民小学读书。初小毕业后，夏明震在母亲的引导下，浏览了《西游记》《三国演义》《水浒》等小说，十分崇拜孙大圣、武松这些英雄人物。

1920年秋，夏明震考入衡阳县立第一高小（莲湖高小），编在二十班。他学习刻苦，勤于思考。有一次，老师给同学们讲中国历史，当讲到近代列强不断侵略中国的史实时，夏明震突然站起来问道："我们国家这么大，人口这么多，为什么外国敢来欺负我们？"

老师沉思了一下，回答说："因为近百年来，封建专制政府腐败无能，国家日益衰弱，所以外国人敢来欺负我们，瓜分我们这块富饶的土地。"

"那怎么办？"夏明震急切地追问。

老师恳切地说："要使民族振兴、国家富强，我们就要有文化知识，要有科学技术，对于志在匡时济世的有志青年来说，就要奋发图强，把救国救民的责任扛在肩上。"

课后，大家议论纷纷，夏明震却在默默思考着，老师的话语在耳际回响，爱国之情在心田荡漾，他暗暗下定决心，一定要努力学习，掌握本领，为民族复兴国家强盛奉献自己的力量。

爱国的激情不时在明震心里喷涌。他喜欢朗诵，范仲淹的《岳阳

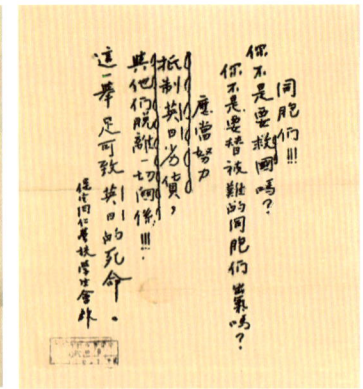

五四运动期间衡阳学生散发的反日爱国传单

楼记》倒背如流；他颇爱吹箫，特别喜欢吹奏《满江红》的曲子，用箫声抒发自己的爱国之情。不久，夏明震便投身到轰轰烈烈的爱国学生运动。

在夏明翰等人在衡阳发起的抵制日货的斗争中，他参加由进步学生、店员和工人组成的小分队，敲锣打鼓，推着小车，提着网袋，走进大街小巷，广泛开展反帝爱国宣传，贴标语，散传单，喊口号，销毁日货，惩办不法商人，狠狠打击了奸商贩卖日货的猖狂活动。

销毁日货运动，却引起了不法豪绅、商贩的强烈不满，他们纷纷跑到夏时济那里告状，要求他对组织运动的孙儿明翰严加管教。夏时济生怕孙辈们惹出大乱子，便吩咐长孙雷根配合，把夏明翰关在家里，让其闭门思过。

夏明震看到三哥被"禁闭"，心里满是愤恨，便与母亲商量，帮助兄长逃出封建家庭，走上革命道路。

聆听毛泽东关于社会主义的主题演讲，夏明震立志要改造社会；不满18岁的他担任中共湘南地方执行委员会委员，为我党历史上最年轻的共产党负责人。

第三章 一门英烈

夏明震在三师读书时的英文课本《英语模范汇本》

夏明震阅读过的《先驱报》

衡阳为湘南重镇，毛泽东对这片热土寄有厚望。1922年4月29日，毛泽东在夏明翰的陪同下，第二次来到衡阳，发展党团组织，宣传马克思主义。在湖南三师的操场上，发表了以"社会主义"为主题的激情演讲，夏明震与千多名进步学生一道，聆听了毛泽东的教诲。

毛泽东说："许多青年同学对社会的现状不满，希望在改造社会方面做些事情，这是非常好的。但是，要改造社会，必须要有一个正确的远大理想，有了这种理想，然后才能坚定地为实现这个理想奋斗，才能达到改造社会的目的……"毛泽东的讲演，像夏日的甘霖，滋润着明震的心田；似灿烂的阳光，将明震的心灵照亮。从此，他积极投身革命活动，迅速成长为无产阶级先锋战士。

1922年秋天，夏明震以优异成绩考入湖南省立第三师范学校。该校是革命的摇篮，毛泽东、何叔衡、谢觉哉都曾来到这里宣传先进理论，播撒革命的火种；夏明翰、黄克诚、江华等一大批有志青年都从这里走上革命道路。

111

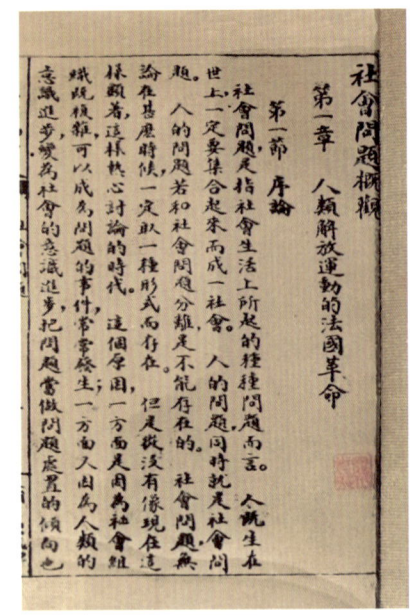

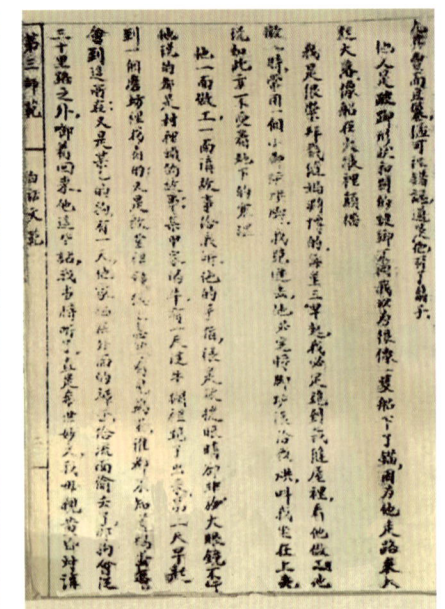

夏明震在三师读书时使用过的教材

在三师任教的共产党员张秋人，经常对有抱负的进步青年学生阐述中国共产党的根本宗旨，介绍俄国十月革命的伟大胜利，传达毛泽东的指示。夏明震听了兴奋得夜不能寐，他更加迫切地希望接受马克思主义的真理，投身到伟大的反帝反封建的斗争中去。他在自己用过的英文课本中的耶稣画像两旁，挥笔写下两句锐利的批语："你使人类思想不能发展；你阻碍人类一切的进化。"表达自己对一个崭新世界的向往。

每当夏明翰寄来《湘江评论》《先驱》《向导》《共产党宣言》等进步书刊，夏明震就如饥似渴地阅读，从中汲取营养。原来他对社会上为什么会贫富不均，为什么穷人当牛做马而富人可以不劳而获，为什么肖四老爷可以毒打丫环等问题解释不清，现在都一一找到了答案，并认识到只有砸烂几千年封建社会的铁锁链，才能解救人民的苦难。

随着革命形势的发展，三师校园里，革命力量与反动势力之间的斗争愈来愈激烈。以校长刘志远为首的反动势力日益嚣张。他们贪污学生的伙食费，顽固地反对增设"政治经济学""社会问题"等课程，对蓬勃发展的革命力量恨之入骨，唯恐不能置之死地。1923年暑假前夕，刘志远竟公然串通反动当局派军警镇压学生运动，悬出告示，开除53名进步学生，勒令学生领袖张秋人离校。这就更加激起了全校革命师生的强烈反抗。

在党组织的领导下，夏明震和进步学生一道，坚持与顽固的反动势力作坚决斗争，在全校掀起了驱刘斗争的怒潮。他们组织300余人的请愿团，风餐露宿，赴省城示威，坚决要求当局收回开除学生的成命，撤销刘志远校长职务，惩办其贪污罪行。湖南省省长赵恒惕慑于群众的力量，被迫答应撤销刘的职务，为被开除的学生恢复学籍。历时月余的"三师学潮"，最终取得了胜利。

在夏明翰、张秋人的亲自培养下，通过学习和革命实践的洗礼，夏明震的理论水平、思想素质和工作能力都有极大提升。1923年，他光荣地成为一名中国共产党党员。他举起右手面对党旗庄严宣誓："服从纪律，牺牲个人，努力革命，严守秘密，永不叛党。"在这一刻，他默默表示：从今天开始，自己的一切都属于党，为了党的事业，为了劳苦大众，自己将不惜牺牲自己的一切，直至生命。

1923年初，中共湖南省立第三中学支部成立，由于出色的工作业绩，夏明震被组织任命为党支部书记，成为湘南学生运动的骨干。该支部的党员来自省立第三中学、省立第三甲种工业学校、成章中学、莲湖高小等学校。1924年5月下旬，中共湘南地方执行委员会成立。夏明震担任执行委员会委员，其时尚未年满18周岁，在我党的历史上，是最年轻的共产党负责人。

1925年5月30日，英帝国主义在上海屠杀中国学生及革命群众，制造了震惊中外的"五卅"惨案。消息传到衡阳，在中共湘南地方执行委员会的领导下,工人、学生奔走呼号,《大公报》号外满街飞传。6月5日,成立了"雪耻会"及"反对英日委员会"。6月8日,举行了游行示威和罢工、罢市、罢课,开展了轰轰烈烈的反帝斗争。夏明震从这次斗争中,进一步认识到群众的伟大力量,看到了即将到来的革命高潮,浑身充满了斗争的勇气和必胜的信心。

夏明震担任衡阳县农民协会委员长,衡阳县成为全省农会组织发展最快、农会会员最多的一个县。

毛泽东曾经指出:"农民问题乃国民革命的中心问题。"为了对农民问题有一个更深刻的理解和研究,以适应革命形势发展的需要,1925年9月,夏明震在三师尚未毕业,就响应中共湘南地方执行委员会、湘区执行委员会的指示,与其他44名学员前往广州农民运动讲习所第五期学习。

广州农民运动讲习所旧址

夏明震重视理论与实际的结合，经常与同学们共同切磋，孜孜不倦地钻研马克思主义、政治经济学、中国农民问题和军事理论知识，踊跃参加军事训练。

在学习班，他再次见到了毛泽东，聆听了毛泽东作的《中国社会各阶级的分析》专题报告，了解到中国社会阶级对立的现状，认识到分清敌友与无产阶级掌握革命领导权的重要性。11月3日，夏明震随全体学员到石井兵工厂参观、实习，训练实弹射击。学习期间，还参加过广东番禺、曲江等地农民协会的成立大会。

12月8日，夏明震学满毕业，从广州农讲所返湘。一到长沙，中共湖南区执行委员会组织部部长夏明翰通知他以国民党湖南省党部特派员的身份，深入衡阳农村，开展农民运动。夏明震愉快地接受了任务，不久即奔赴衡阳。

从1926年春到1927年8月，夏明震先后担任中共湘南地方执行委员会组织部部长、衡阳县委委员、衡阳县农民协会委员长。在夏明震等一批共产党人的组织领导下，蒸湘大地广袤的田野上，农民运动风起云涌，如火如荼，成为全省的标杆和旗帜。

为了在农村建立党组织，推动农民运动向纵深发展，夏明震与戴今吾、萧觉先深入集兵滩、神皇山一带，采取走亲访友的形式，秘密串联发动，宣传革命道理，启发教育群众，提高群众的思想觉悟。

针对农民群众普遍没有文化的现实，夏明震准备了"农民苦，农民苦，打了粮食交地主；年年忙，月月忙，田里场里仓里光"等歌谣，深入田间地头教农民说唱，用通俗易懂的语言，让农民明白穷困的原因和道理。那歌声，常常在山间旷野回荡，唤起了千千万万劳苦大众的觉醒。

经过一段时间的宣传发动，涌现了一批积极分子，戴发汉、戴友生等12人被吸收入党。3月份，衡阳县第一个农村党支部——中共神皇乡支部宣告诞生，戴今吾任支部书记，支部的成员也逐步发展到25人。点亮一盏灯，照亮一大片。妙溪、月山一带也相继建立了共产党

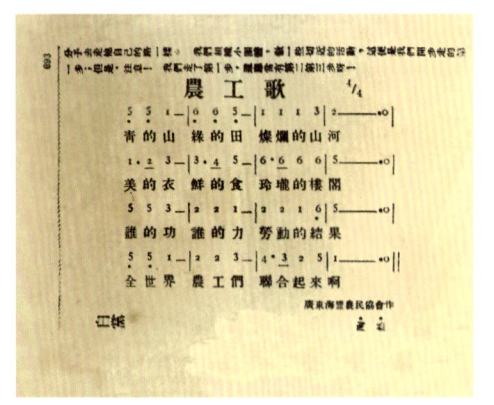

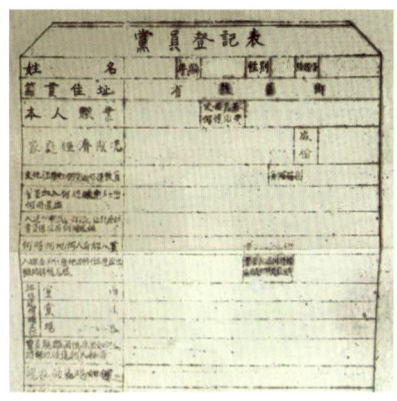

衡阳农讲所编写的《农工歌》　　　党员登记表

支部。

党的基层组织迅速发展，农会的建立也在秘密推进。趁夜深人静，夏明震有时打着火把，有时手提马灯，秘密穿行于山间小道和农户家中，串联发动。他启发农民说，我们要把所有受苦农民都团结在农会里，为什么？因为一个人好比一根线，人家一拉就断；大家团结在农会里，力量就大了，就能够打倒土豪劣绅，穷人就能过上好日子。如果全国的劳苦大众都团结起来，在共产党的领导下，就可以推翻黑暗的社会。

是年8月初，衡阳县第一个乡农会——神皇乡农民协会，公开宣告成立。一石激起千层浪，随后妙溪、月山、集兵、石头桥等乡都纷纷成立了乡农民协会。

农民发动起来了，农会建起来了，为适应蓬勃发展的农民运动，培养农运干部就成为当务之急。1926年冬，衡阳农民运动讲习所应运而生，夏明震任教务长兼政治教官。

在教学过程中，夏明震组织学员举行"农民问题"讨论会，下乡开展社会调查，投身实际斗争。在对学员讲解革命的目的和任务时，他说：我们的目的是什么？我们是受封建主义、帝国主义压迫的。我

衡阳农民运动讲习所同学录　　《农民运动》第八期

们现在的唯一出路，就是要唤起广大的受压迫的农民群众，同帝国主义、军阀、贪官污吏、土豪劣绅进行殊死的斗争。所以，我们来到这里学习的唯一目的是研究革命理论和行动。我们的责任是唤起广大的受压迫的农民群众，起来打倒我们的敌人，解除我们的痛苦，建立一个没有压迫、没有剥削的新社会。学员们听了，革命热情高涨。为了纪念巴黎公社运动56周年，夏明震特地撰写了《巴黎公社的历史及其意义》一文，对巴黎工人的惊天壮举予以高度评价，并深刻阐述"中国革命一定要有无产阶级政党来领导，一定要创造人民的武装力量"的道理，为革命人民指明了方向。

当时，有的学员不愿意接受严格的军事训练。夏明震认为这是个人主义的浪漫生活毒菌在农会干部身上产生的作用，它随时随地都有阻止他们前进的可能。夏明震号召大家："痛切扫除自身毒菌，成为

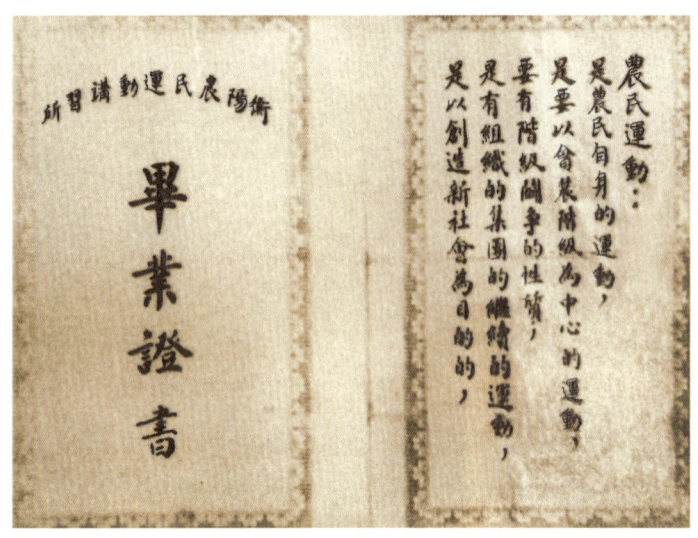

衡阳农民运动讲习所毕业证书。证书上对农民运动的性质和目标作了概括性的论述

有效率的革命工具。"还强调指出:"只有这样,才能达到我们的目的,完成我们的责任。如果不接受这种严格的军事训练,就是对革命没有诚意,就是并不想要成为一个真正的革命者。这是一种极大的错误。"经过深入浅出的教育,提高了学员们投入军事训练的积极性,由此夙夜练兵、操场比武的场景随处可见。

农讲所的开办,为农民运动的深入开展,培养了大有作为的人才。第一期学员中的夏明霹、邬依庄,在革命斗争中冲锋陷阵,光荣牺牲。年轻的曾昭学(即曾志)从一名大家闺秀被锤炼成一名坚强的共产主义战士。第二期学员,除从中挑选30名送到武昌教导队受训外,其余的都分配到区乡农民协会,成为农运骨干力量。

在北伐胜利进军的推动下,1926年6月10日,衡阳县农民协会宣告成立。县农协成立后,为了加强对区一级农会的领导,他们又选

第三章 一门英烈

| 職別 | 姓名 | 別號 | 年齡 | 籍貫 | 通訊處 |
|---|---|---|---|---|---|
| 所長 | 魏紹瀛 | 洛川 | 四二 | 衡陽 | 衡陽黨主委湘學校 |
| 教務長 | 彭中之 | 一民 | 廿五 | 湘鄉 | 衡陽縣農民協會 |
| 教務長 | 夏明農 | | 二〇 | 衡陽 | 衡陽縣農民協會 |
| 總隊長 | 湯幹楳 | | | 寧鄉 | |
| 總隊參 | 趙白城 | | 二七 | 衡山 | 衡山凡鎮子 |
| 副隊長 | 陳錫圭 | | 二七 | 衡山 | 衡陽黨主蒸湘學校 |
| 特務長 | 王福金 | 先機 | 二九 | 湘鄉 | |
| 民隊長 | 鄧松軒 | | | 衡陽 | 開濟凡丁時軒局特湘鄉手四部人半百門菊文 |

衡阳农民运动讲习所职员名单一览表

衡阳农民运动讲习所毕业同学的合影，右起第一人为夏明震

119

派了一批共产党员，以特派员的身份深入基层协助工作。夏明震率先深入衡阳北乡一带动员和组织农民建立农会组织，集兵滩和樟木寺等地农民运动迅速发展。据1926年11月的统计，全县建立23个区农民协会，244个乡农民协会，会员发展到88221人。

农会组织建立了，更为关键的是把农民运动轰轰烈烈地开展起来。夏明震为此殚精竭虑，运筹帷幄。针对农民文化低、农活忙、困难多的情况，夏明震倡导在县农民协会设立代办处，为农民解难题办实事。农民与土豪劣绅发生纠纷打官司，代办处不仅免费为农民代写状纸，而且代理辩护，据理辩驳，使之取胜。

在青黄不接的荒时暴月，夏明震与罗子平展现革命家的胆略和气魄，充分运用农民协会的力量，组织农民，夺取县内被土豪劣绅控制的积谷仓，将囤积的粮食发放给穷苦农民，赢得广大农民的爱戴。

一些土豪劣绅将剥削得来的大批谷米，囤积居奇，高价出售，或者大量外运，牟取暴利。夏明震等便采取积极措施，公示关于"不准谷物出境，不准高抬粮价，不准囤积居奇，违者照章惩办"的规定，发动农民群众阻止粮食外运，同时组织平粜委员会，稳定粮价。

转眼到了1926年的秋收季节，县农民协会领导农民群众开展减租减息运动，将田租由过去五成以上减至五成以下，部分地区实行"二五"减租。还规定借贷利息由原来的五成减至二点五成。农民群众由衷地赞扬说："减租减息，地主受气，农民欢喜。"

是年12月1日，湖南省第一次工农代表大会在长沙召开，衡阳县农民协会选派严威等代表出席大会，并给大会致电祝贺，组织工农群众举行了隆重的庆祝大会。

大会闭幕后，夏明震、罗子平认真地听取代表们的汇报，严威报告了毛泽东在大会上作的"关于国民革命的中心问题是农民问题"等重要讲话要点，以及加强革命联合战线的精辟论述。夏明震听了深受教育，立即与陈佑魁、罗子平详细研究如何进一步开展农民运动的问题。他再三强调，应把一切权力收归农会，尽快组织农民武装。县农会迅速下令区乡农会,一面没收团防局枪支,一面打制梭镖,武装自卫。

为了筹措经费,夏明震带头从每月15元的生活费中抽出一部分,作为打制梭镖的费用。他说:"过去没有一分钱薪水,也要为党工作啊。"1927年元月,衡阳县农民协会接收了县政府和团防局300多支枪,建立了县农民自卫军,各区乡也成立了纠察队和自卫武装。从此,广大农民凭借自己的武装力量,向封建统治阶级的反动势力展开了有力的斗争。

为了打击军阀、土豪劣绅的猖狂反扑,衡阳县特别法庭于1927年元月下旬宣布成立,罗子平担任特别法庭庭长,解决了以前县农民协会不能直接镇压一切反动分子的问题。当金兰区农民捕拿大土豪、伪团防局局长黄庆萱押送县农民协会时,夏明震与罗子平紧密配合,运用特别法庭,在雁峰寺前坪召开审判大会,判处黄犯死刑,执行枪决,人心大快。特别法庭有力地打击了反动势力的猖狂进攻,保障了农民运动的革命烈火以熊熊之势燃遍蒸湘大地。

正当轰轰烈烈的农民运动蓬勃发展的关键时刻,1927年,蒋介石在上海发动了举世震惊的四一二反革命政变。5月21日,长沙发生了马日事变。5月27日,反动军官李抱冰、俞业裕等在衡阳举起了屠刀,公开屠杀共产党员和革命群众,封闭了衡阳县总工会、衡阳县农民协会,解散了农民自卫军、农民运动讲习所。霎时间,衡阳城乡陷于一片血雨腥风的白色恐怖之中。

在此危急关头,夏明震不气馁,不失望,革命意志更加坚强。衡阳事变前夕,他与陈佑魁召开了湘南区委衡阳县委紧急会议,分析了长沙"马变"情况,制订组织分散方案,研究隐蔽斗争措施,最大限度减少党员和革命群众的牺牲。在会上,夏明震分析了形势,提出:"要争取主动,要搞武装斗争,在敌人的屠刀面前,决不能束手待毙,要用武装的革命去反对武装的反革命。"会议决定由夏明震、戴今吾等去岣嵝峰、白石峰一带建立革命武装。夏明震等以妙溪为重点,一面恢复党的支部组织，一面深入群众，发动骨干分子，以鸟铳、梭镖、大刀为武器，组织武装力量，建立起有200多人的衡北游击师，亦称"边防暴动队"，由此拉开了衡阳人民武装斗争的序幕。

**沁日事变后，夏明震临危受命，出任郴县县委书记，建立暴动武装营，配合朱德、陈毅取得湘南起义胜利，兼任郴州工农革命军第七师党代表。**

面对国民党反动派的疯狂进攻，在完成党交给的"把衡阳的农民运动轰轰烈烈地发动起来"的任务之后，夏明震接受湘南特委的任命，担任郴县县委书记，偕同妻子曾志共赴郴县，恢复郴县党的组织，组织武装暴动。此前，中共湖南省委派去郴县的军事特派员、农民运动特派员、郴县县委负责人相继被国民党杀害，形势极为严峻，马日事变的乌云仍沉重地笼罩在郴县城头。夏明震临危受命，决心用革命的武装，狠狠地反击反革命的武装。夏明震、曾志到任后，立即秘密召开了一次县委扩大会议，重新调整了县委班子，组成了中共郴县第一届委员会，夏明震任县委书记，并组织了郴县赤色游击队。在他的领导下，从血泊中站起来的郴县人民，积极投身到革命斗争之中。

新县委班子上任后的第一件事，就是抓暴动队的组织建设。夏明震首先在城区和良田发动群众，直接到群众中去，反复宣讲这样一个道理："党要能代表多数人利益，要能做群众的指导和训练者，要能做替民众夺取政权的工具。……并要有党军的组织，要创造人民的武力。"在分析当时形势时，夏明震又激励同志们说："在白色恐怖中，屠杀吓不倒真正的共产党人和革命志士。现在，我们要重新组织队伍，积蓄力量，与敌人斗下去，直到把一切反动派都埋葬掉！"最后，他总是问一声："同志们，相信吗？"

"相信！"每次他都得到异口同声的回答。

群众很快被发动起来，报名参加暴动队的人越来越多。这时，夏明震把主要精力放在筹集武器上，一面带领大家自制"土炸弹"，一面

1927年8月,中共湘南特委派夏明震、曾志、郭怀振去郴县恢复党的组织,开展地下斗争。9月,因中共郴县县委书记凌云被敌人杀害,由夏明震继任。这是中共郴县委员会驻址——郴县西街21号

又派出人员四处收集枪支、鸟铳数百条。在人枪齐备后,暴动的序幕正式拉开了。

1927年11月10日,夜,已经张开了它那漆黑的翅膀;良田近处的山谷,阴郁地沉默在昏暗的天空下。当时,清乡队驻扎在国民党良田区党部。夏明震和孙开楚、伍一仙、陈鹏等人率领刚刚组织起来的武装暴动队,兵分四路,包围良田清乡队,先派几个精干的队员,悄悄地干掉敌人的岗哨,然后一声令下,凭借居高临下的地理优势,对敌人展开猛烈进攻。一时间,枪炮声,喊杀声,震动山谷。龟缩在营盘中的清乡队,遭到突然袭击,被打得晕头转向,慌作一团。不一会儿,这股敌人就被彻底消灭。当月亮从云缝里露出笑脸,暴动队首战告捷凯旋。

夏明震对横行乡里、鱼肉人民的土豪劣绅深恶痛绝。高雅岭有个

大地主叫陈世泽，在百姓中作恶多端，经常强夺民女，强占民田，当地群众恨之入骨。夜袭清乡队的战斗获胜之后，夏明震决计乘胜出击，组织年关暴动，把斗争推向高潮。

12月12日，夏明震在五盖山召开县、区扩大会议，部署年关暴动，决定先打高雅岭陈世泽和石寺邓传岳等地主，然后再扫平各个反动武装。

12月15日夜里，天一黑就开始霜冻，这给暴动队的行动增加了一定的困难。为了便于联络和识别，夏明震规定暴动队队员每人左手扎条白毛巾。出发前，检查了枪械弹药，将自动前来的一些零散农民进行了一番战前动员，然后把队伍浩浩荡荡开到高雅岭。首先包围了陈世泽的老巢，紧接着派一支精干的小队伍潜入陈的深宅大院。由于事前消息封锁严密，部队行动又极为神速，陈世泽毫无准备，小队伍一进深院，就抓住了陈世泽，当场处决，然后没收其全部财产，分给穷苦农民。

石寺暴动队也斩掉了邓传岳，抄掉了邓传岳的全部家财。在这个基础上，各暴动队还先后打垮了走马岭、华塘等地的清乡委员会与保和、吉阳、凤鸣区的挨户团。革命的浪潮给反动势力以狠狠的打击，弄得敌人胆战心惊，惶惶不可终日。

为了集中精力对付敌人，进一步发展武装斗争，夏明震以经过战斗考验的暴动队骨干力量为基础，组成了"郴县赤色游击队"（简称"赤卫队"），任命陈鹏为队长。拉起队伍后的第一个目标，就是群众切齿痛恨的良田税卡。

12月18日夜，伸手不见五指。夏明震亲自率领刚刚组建起来的、虎虎生风的赤卫队，翻山越岭，急行20余里，来至良田。为了把敌人打个措手不及，队伍一到，便立即拉开战阵，向税卡进攻。顷刻间，枪声大作，火光四起，赤卫队员们一齐冲进税卡。几个税警此刻还正在梦乡，面对这突如其来的袭击，一个个都不知所措，只好乖乖束手就擒。只用半个时辰，战斗即告结束，除缴获全部武器之外，把税卡管理的账目通通烧毁。这一成功的袭击，给郴县人民剪除了一大祸害，郴县人民无不拍手称快。

1928年1月，朱德、陈毅率领南昌起义保留下来的部队，转战千里，从广东进入宜章县城，一举取得宜章年关暴动的成功。消息传来，给夏明震以极大的鼓舞。为了与朱德派来的人取得联系，他赶到资兴就地召开县委会议，研究迎接朱、陈部队和进一步开展暴动的各项措施。夏明震信心百倍地对与会者说："朱德、陈毅这次智取宜章，具有重大的战略意义。此次暴动，我们一定要与他们密切配合，扩大暴动的战果，争取首先在湘南地区建立起红色政权，让人民当家作主坐江山！"他还亲自写信给朱德，期望起义军迅速入郴。

宜章暴动成功以后，朱德迅速挥师北进。为了配合朱、陈部队的行动，夏明震下令将"郴县赤色游击队"改编为"工农革命军独立连"，夜以继日地开展迎接朱部的各项准备工作。他一面深入群众作动员，在群众中组织向导队、梭镖队、呐喊队，为起义军搞好战地服务；一面又指令独立连到小溪、水井窝等地修筑工事，积极配合起义军，围歼敌军许克祥部。

当时，许部在折岭设下防线，妄图负隅顽抗。为了避开敌军主力，夏明震指挥独立连，埋伏在折岭两侧，扼守各小道路口。在朱、陈起义军的奋力进攻下，敌军欲抄小路后撤。夏明震趁机率领部队组织强大火力进行阻击，打得敌军人翻马仰，全部被歼。次日，乘胜挥师，又打垮大铺桥守敌两个营。郴县守敌王东原见大势已去，只好弃城而逃。

当晚，郴县城内，锣鼓喧天，红旗招展，人山人海，鞭炮声响彻街头巷尾，五颜六色的三角彩旗，光耀夺目的节日盛装，喜气洋洋的张张笑脸，构成一幅幅动人的画卷。夏明震兴高采烈地率领干部、群众，热情地迎接朱德、陈毅起义军进入县城。在濂溪女校召开军民联欢大会，夏明震代表县委致欢迎词，高度赞扬朱德、陈毅的雄才大略与起义军的辉煌战绩，热烈庆祝灾难深重的郴县回到了人民手中。

红色家庭档案——夏明翰一家五烈士

1927年12月18日,中共郴县县委书记夏明震,指挥良田暴动队攻打国民党良田税卡,并取得了胜利

宜章年关暴动指挥部旧址。萧克将军题名

2月5日，在朱德、陈毅的帮助下，召开郴县党代会，夏明震再次当选为县委书记。接着，成立了郴县苏维埃政府和郴州工农革命军第七师，夏明震任师党代表。郴县的解放，标志着湘南起义进入高潮。

**"郴州事变"，"白带子反水"，夏明震血洒湘南。**

湘南暴动的节节胜利，引起了蒋介石和国民党反动派的惶惶不安。蒋介石为了打通湘粤大道，镇压人民的革命斗争，串通勾结湘粤桂军阀，调集范石生、白崇禧的部队，共7个师的兵力，从广东、衡阳南北夹击，"会剿"湘南暴动革命军。郴县反动势力也蠢蠢欲动，妄想颠覆红色政权。

面对严峻形势，当时的湘南特委在执行湖南省委关于"阻止敌人打通湘粤大道"的指示时，采取"左"倾盲动政策，错误地提出"烧、烧、烧！杀、杀、杀！"等口号，计划实行"焦土战略"，烧毁宜章、桂东、汝城、资兴、郴县、永兴、耒阳7个县城，以及从宜章到衡阳大道两侧30里以内的民房，"坚壁清野"，使进攻之敌无法立足。夏明震进行抵制，促使决策者将30里改为5里。但这一"左"的错误仍为土豪劣绅所利用，他们趁机造谣惑众，策划反革命暴乱，挑动部分农民"反水"，反对苏维埃政权。郴县顿时出现了"黑云压城城欲摧"的严重局面。

为了驳斥反动谣言，向广大群众解释烧房的原因，安定民心，1928年3月22日，郴县县委和县苏维埃政府在城隍庙召开群众大会。这天，城中居民和四乡农民臂系红带，手持梭镖，从四面八方涌入会场。反动豪绅崔廷弼等也暗中纠集一批地痞、流氓，乔装打扮，怀匿白布、凶器，混入会场，蓄意制造事端。上午10时，县委书记夏明震带领十几个特委、县委和县苏维埃干部走进会场，就座主席台。当夏明震就烧房子的事向群众进行宣传解释时，混入群众中的一小撮反革命分子大声喊叫："谁烧房子，就杀掉他！"

霎时间，一伙暴徒扯下自己臂上的红带，换缠白布，挥舞大刀，

红色家庭档案——夏明翰一家五烈士

1928年2月，朱德、陈毅率部进入郴县，召开中共郴县第三次党代会。这是中共郴县第三届委员会会址

湘南暴动期间有11个县建立了苏维埃政权，图为当时发行的货币，也是最早的革命根据地货币之一

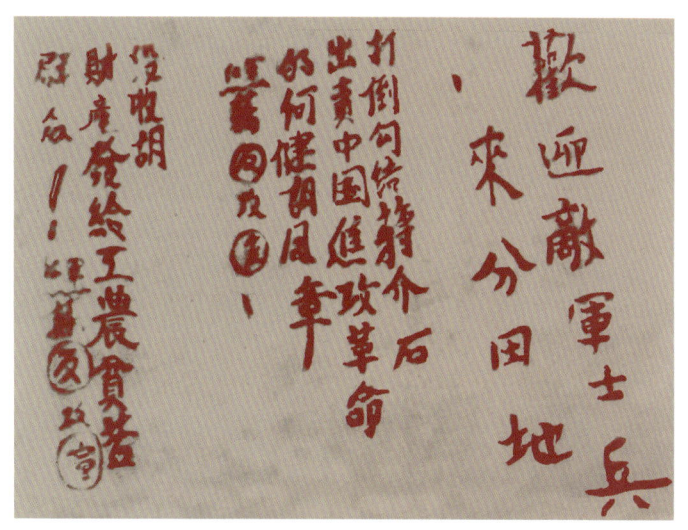

夏明震组织郴县各界在城区内写的标语，向广大人民群众进行革命宣传

疯狂砍杀，直奔大会主席台。地痞钟天球气势汹汹地第一个蹿到台上，拎着屠刀，向猝不及防的夏明震奔去，朝着夏的头部、身躯猛砍乱剁，顷刻间，年仅22岁的县委书记、人民的好儿子夏明震倒在了血泊之中。

顿时，会场上系红带的党、团员和革命群众怒不可遏，奋起还击。会场变成了"红""白"拼搏的战场。在搏斗中，共有9名党政领导干部惨遭杀害。随后，这伙暴徒又冲出会场，一路杀向县苏维埃政府，制造了骇人听闻的"郴州事变"。在郴州事变中，共有300多名干部牺牲，1000多名无辜百姓死伤。烈士的鲜血溅满城隍庙，洒遍郴县县城。

骇人听闻的郴州事变，夏明震血洒湘南的噩耗，犹如一声暴雷，震惊着三湘四水，震惊着神州大地。一部分从郴县突围出去的同志，连夜飞奔到永兴、桂阳等地，报告事变消息。闻讯者无不怒火万丈，各路赤卫队和农军，迅即组织援军赶赴郴县，几面夹击，包围了县城，向反动势力展开强大的进攻，击毙崔廷弼，活捉了钟天球，迅速平息了这场反革命暴乱。

大会会场

"郴州事变"平息后,党组织派陈毅担任中共郴县县委书记。在陈毅的领导下,夏明震等9位烈士的遗体被安葬在县城文庙的后院。新中国成立后,中共郴州地委和市委专门拨出经费,为夏明震等烈士修建了纪念碑,表达了后来人对革命先烈的深切怀念和敬仰。

烈士已去,精神永存。它们犹如巍巍苏仙岭上的苍松翠柏,四季常青,万古流芳。

第三章 一门英烈

在陈毅的率领下,起义部队迅速平息了"反白事件"

1983年,中共郴州市委为"反白事件"死难烈士修建了纪念碑,同时将夏明震墓地重新修葺,并在墓前立一对石联,上联是"有弟如兄为求主义真铁血头颅酬壮志",下联是"犹生虽死招唤忠魂住衡郴云树寄哀思"

131

## 三 夏明霹：血溅刑场路，唱响正气歌

1928年2月28日清晨，衡阳下横街。北风凛冽，寒气袭人，天空中布满阴霾，几只黑色的乌鸦在枝头不时鸣叫着。通往演武坪刑场的道路上，几个手持砍刀的刽子手，押着一位满身血污、戴着手铐脚镣的年轻人。年轻人沿途高呼："共产党万岁！"每高喊一声，刽子手就在他后背砍上一刀。年轻人强忍剧痛，高呼不止，沿途血迹斑斑。这场面，足以惊天地，泣鬼神！这位大义凛然、视死如归的年轻人，就是千古英烈夏明翰的五弟、中国共产党早期的优秀党员夏明霹。

在三哥夏明翰的培养下，夏明霹成为衡阳第一个党支部的成员和长沙政治讲习所第一届学员。

夏明霹（1908—1928）

夏明霹，号玺根，1908年11月10日（农历十月十七日）生于夏时济居官的上海官邸，是夏明翰的同胞弟弟，兄弟中排行第五，上面有明鼒、明翼、明翰、明震4个哥哥，明玮、明衡两个姐姐。

响声巨大的雷谓之霹，父母给他取名明霹，是希望他将来成就宏

图大业，声名远播。

夏明霹4岁那年，随全家从上海迁居衡阳。6岁开始在寓所——衡阳江东岸肖顺吉堂私塾念书。8岁考入衡阳县立第一高小（即莲湖高小）读书。

在小学阶段，小明霹的好奇心很强，遇事喜欢打破砂锅问到底，非要探求个究竟不可。每天放学回家，他总是先做好作业，然后搬条小板凳和哥哥姐姐坐在一起，听母亲陈云凤、三哥明翰、四哥明震讲《水浒》《国王的新衣》等故事，学习《满江红》《木兰辞》《正气歌》等诗词歌赋。

良好的教育环境，使年少的夏明霹不仅具备了一定的文化修养，而且性情得到陶冶，在幼小的心灵里播下了救国济民的种子。

五四运动的风潮传导至衡阳后，衡阳学生掀起声援北京学生反帝反封建爱国斗争的热潮。在抵制日货的斗争中，年少的夏明霹在哥哥夏明翰、姐姐夏明衡的带动下，首先从自己家里做起，撬开爷爷隐藏日货的夹墙，搜出里面的日货，堆放在院子里，全部烧毁。尔后他又随着衡阳国货维持调查组和学生义勇军，戴着红袖章，举着标语旗，涌向大街小巷，深入货场、仓库、商店销毁日货。他还参加了夏明翰在衡阳组织的声势浩大的"焚毁日货大会"。

1922年秋，夏明霹于莲湖高小毕业，和三哥夏明翰一样，怀揣工业救国的梦想，考入省立第三甲种工业学校。那些年，夏明霹走在衡阳的大街小巷，看到到处都是蓬头垢面的乞丐和穷苦人，深感普通劳苦大众命运悲惨，引起他对黑暗社会的愤恨。他决心寻求爱国济民的知识，期盼进入一所更理想的学校去读书深造。

随着马克思主义在衡阳的落地生根，湖南省立第三师范学校成为新思想、新文化传播的阵地，令莘莘学子向往。夏明霹朝思暮想，希望进入这所学校，去学习新文化新知识，探求救国救民的真理。两年后，他便从三甲工自动辍学，于1924年秋投考到湖南省立第三师范学校二十九班一年级就读。

当时，三师校园里流传着《共产党宣言》《新青年》《每周评论》《新中国》《向导》等许多进步书刊，引起夏明霹极大的兴趣，他如饥似渴地阅读这些书刊，一下子就像找到了指路的明灯。这些书刊引起了他对国家民族命运的思考和关心。

1922年，毛泽东来三师建立衡阳第一个党支部——中共三师支部。夏明霹跟着哥哥夏明翰，聆听了毛泽东的亲切教诲，他决心以自己的实际行动取得党组织的认可，争取早日加入这个先进组织。他迅速投身三师的革命活动，很快成为湘南学联的骨干。

夏明翰参加中国社会主义青年团全国代表大会归来，受到三师青年的仰慕和追随，广大青年学生踊跃申请加入团的组织。

1925年，夏明霹加入中国社会主义青年团（1925年11月，中国社会主义青年团改为中国共产主义青年团），随后，年仅17岁的夏明霹，在哥哥夏明翰的亲自介绍下，光荣地加入了中国共产党，成为一名无产阶级先锋战士。

"五卅"惨案后，反动军警日夜在衡阳猖狂活动，妄图镇压民主运动。当时，夏明霹被党安排做衡阳学生联络工作，他根据上级党组织的指示，长期保持与省立三师、三女师、三甲工等校学生的联系，经常召集志同道合的进步学生，在自己家的楼上开展沙龙式交流，纵论天下大事，探讨进步理论，寻找救国济民的正确答案，谋划开展反帝反军阀斗争。

每逢节假日或星期天，他积极组织同学走向街头、工厂宣传讲演，号召人们"不买英日货"，"不供给英日人原料、粮食、燃料"。6月8日，同衡阳数千学生、工人上街游行示威，公开揭露帝国主义在上海屠杀中国学生及革命群众的弥天大罪。

1926年4月中旬，吴佩孚在武汉组织"讨贼联军"，声称"讨赤讨粤"，派兵进攻湖南，唐生智部退守湘南。中共湖南区执行委员会和国民党湖南省党部联合唐生智等，在衡阳组成"中国国民党湖南省党部特别委员会"。6月下旬，国民革命军第八军军长兼前敌中路总指挥、

## 第三章 一门英烈

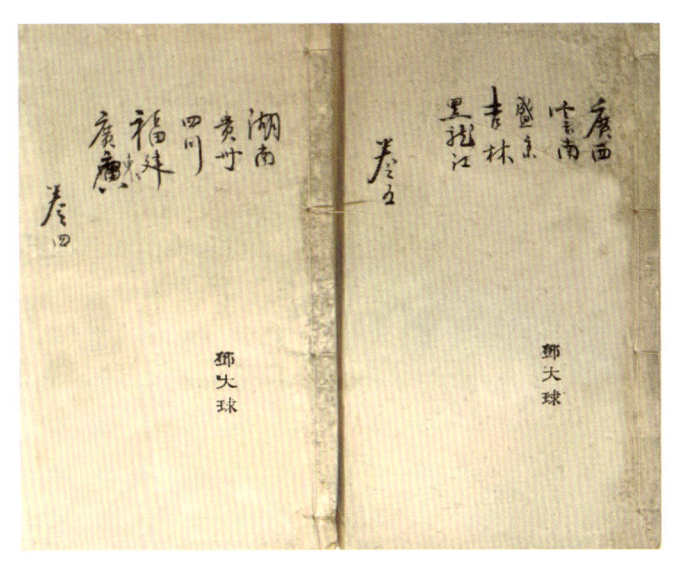

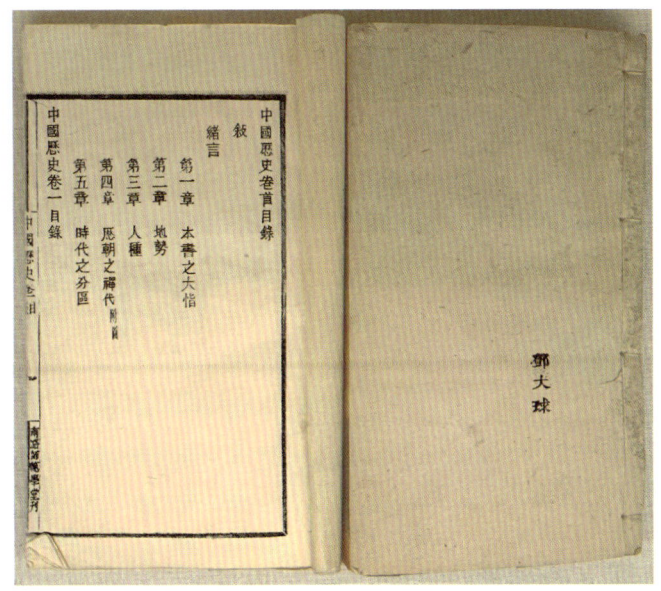

省立第三师范学校使用过的教材

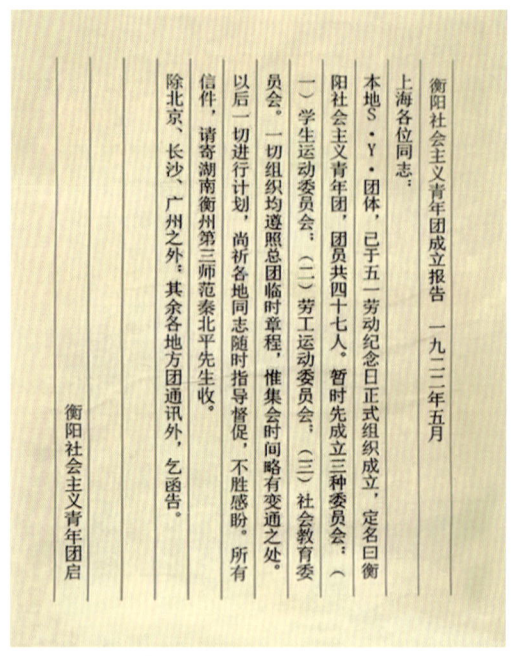

衡阳社会主义青年团成立报告

> 衡阳社会主义青年团成立报告　一九二二年五月
>
> 上海各位同志：
>
> 本地 S·Y·团体，已于五一劳动纪念日正式组织成立，定名曰衡阳社会主义青年团，团员共四十七人。暂时先成立三种委员会：（一）学生运动委员会；（二）劳工运动委员会；（三）社会教育委员会。一切组织均遵照总团临时章程，惟集会时间略有变通之处。以后一切进行计划，尚祈各地同志随时指导督促，不胜感盼。所有信件，请寄湖南衡州第三师范秦北平先生收。除北京、长沙、广州之外，其余各地方团通讯外，乞函告。
>
> 衡阳社会主义青年团启

湖南省立第三师范学校

湖南省临时政府主席唐生智采取"短期培训"的形式，择定省立三师为据点，开办政治讲习所，从三师、三女师、三中、三甲工等校招收500多名党团员和进步师生，集中培训学习。

这个政治讲习所名义上由唐生智任所长，实际上由共产党员、三师校长蒋啸青主持，由三师中共党员教师出任教员，中共湖南区执行委员会委员郭亮、夏曦，均以国民党湖南省党部执行委员身份来此讲课，讲授政治、军事、农运、工运、妇运、学运等方面的基础知识。学员结业后，派往北伐军及湘南各县，担任指导员、特派员，指导各地指导开展农民运动和国民革命。

夏明霹听从党的召唤，学籍由三师转入政治讲习所。一个月后，学员随该所迁往长沙又一村第一中学，史称长沙政治讲习所。夏明霹由此成为长沙政治讲习所的第一届学员，他广泛地接触进步老师和同学，与他们结成挚友，学习马列主义，钻研革命理论，学习军事知识，制造枪支弹药。

是年8月，夏明霹于长沙政治讲习所结业，根据党组织的决定，时任中共湖南区执行委员会委员兼组织部部长、农民部部长夏明翰通知夏明霹，派遣他到家乡衡阳县开展农民运动，从此，夏明霹开始了他的农运生涯。

**夏明霹等人在衡阳渣江、台源、集兵滩等区乡建立了农民自卫武装，有力地打击了封建统治阶级，实现了"一切权力归农会"。**

生机勃勃的清晨，夏明霹沐浴着金色的阳光，肩负历史赋予的重任，走出长沙政治讲习所，风尘仆仆回到家乡衡阳，全身心地投入轰轰烈烈的农民运动中。

衡阳县农民协会正式成立，他当选为青运委员。9月，县委派他和严威、陶慕衡等党员骨干，以衡阳县农民协会特派员身份进驻衡阳渣江、台源、集兵滩一带，开展农民运动。

渣江、台源一带的农民受着封建地主的压迫和剥削，长期处于

1925年6月8日，衡阳数千工人学生在雁峰寺坪集合，声讨帝国主义侵华暴行

长沙《大公报》关于衡阳声讨帝国主义侵华暴行的报道

"年年难过年年过，岁岁辞贫岁岁贫，累断筋骨流尽泪，鬻儿卖女打长工"的凄惨境况之中。夏明霹肩负组织的重托，走在奔赴家乡的路上，百感交集，思绪万千，他决心听从党的指挥，紧紧地依靠穷苦农民，组织和发动群众，打倒土豪劣绅，拯救灾难深重的家乡人民。

夏明霹脱下学生装，穿上农家衣，利用走亲访友的名义，深入到家境贫寒的农户家中，调查了解贫苦农民的生活情况，开展思想宣传发动工作。他看到有的农民家庭"上无片瓦，下无立锥"，搭一个茅棚作为栖身之所；有的家庭孩儿骨瘦如柴，衣不遮体，挨饿受冻；有的家庭因为交不起租、还不起债，女儿被地主抢走，土地被地主霸占。看到这悲惨的一幕幕，听到那声泪俱下的诉说，夏明霹因势利导地问他们一个问题：我们农民为什么这样苦呢？

这一问，答案五花八门，有的说"是我们命不好，生来就苦"，有的说"是投错了胎，没有投到富人家"。

听了这些答案，夏明霹沉思片刻，然后斩钉截铁地说道："不对！俗话说得好，甜有源，苦有根。我们农民苦，苦就苦在田被土豪占，命受土豪管。谁不知道农民连年流血流汗，种出的粮食，全都给地主交了租？土豪家谷粮满仓，我们种田人却连肚子也填不饱。老虎的口，财主的斗，都是吃人不留皮的。受财主盘剥，农民能过上好日子吗？"

深入浅出、入木三分的一席话，让大家耳目一新，思想也开始觉悟。他们急切地问道："难道我们就这样世世代代苦下去吗？"夏明霹趁热打铁，振臂一呼，大声说道："不！我们再也不能做任人宰割的羔羊，要起来，要斗争！紧跟共产党，联合起来闹革命，砸碎农民身上的枷锁！"

夏明霹的慷慨言辞，句句激起农民兄弟感情上的共鸣，水到渠成地拨开了农民心中的迷雾，指明了农民革命前进的方向。

偏远的山乡沸腾了，历史掀开了崭新的一页。在夏明霹、严威、陶慕衡3位同志的共同努力下，经过艰苦细致的宣传发动和精心培养，不多久，30多名农运骨干分子团结起来了，优秀分子被最先吸收加入中国

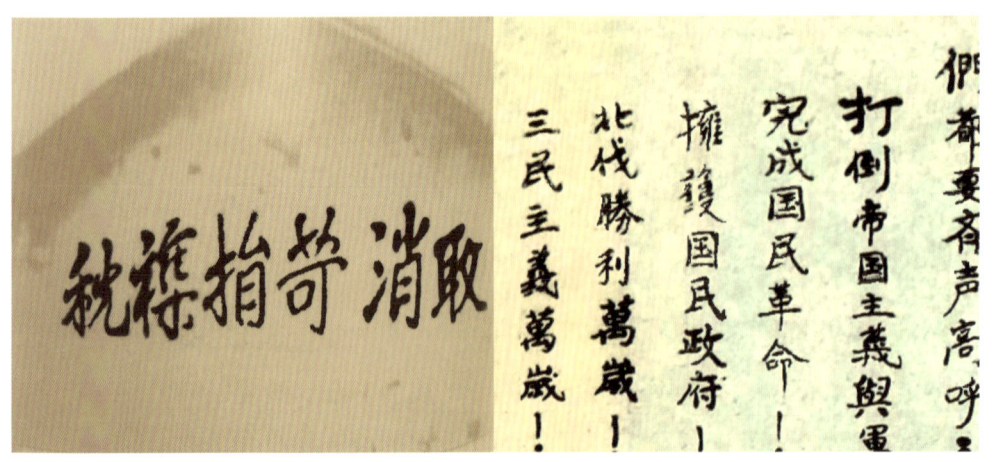

大革命时期所写的标语

共产党，渣江、台源区农民协会和神皇乡农民协会也正式宣告成立。

区农协成立的那天，5000多名贫苦农民手执短棍、梭镖、长矛、鸟铳云集台源镇。夏明霹身穿一件打了补丁的衣服，和县区农协领导一起，雄姿英发地站在主席台上，认真地倾听着县农协领导向大会所作的宣讲报告："世界上的人，最多的是我们农民，他占全世界总人口的百分之八十以上；世界上最有功劳的，也是我们农民。须知'民以食为天'，若不是我们农民种地，谁能活得成呢？可是当今世界，人们却恰恰把事情弄颠倒了，农民一年到头累死累活吃不上饭，穿不上衣；但不劳而获的土豪财主，倒是花天酒地，无恶不作。父老兄弟们！我们莫怪爹、莫怨娘，莫道农民的八字差。我们要清醒地看到，是帝国主义者，是反动军阀，是贪官污吏和土豪劣绅，在剥削我们，在压迫我们，我们才会遭今天这样的罪！现在，在我们面前只有两条路，一条是甘心替土豪劣绅做牛马，一条是组织起来斗豪绅，自谋解放当主人。"

话音刚落，到会群众爆发出一阵高呼："我们决不做牛马！""我们坚决拥护农会，打倒土豪劣绅！""打倒帝国主义！""打倒军阀！"战斗口号响彻云霄。

面对农民运动的大好形势，夏明霹紧锣密鼓，深入乡村，领导农协会员开展减租、减息、退押运动，把一些土豪劣绅家里的粮食、财产分给苦大仇深的农民，深受群众的拥护。各地的农民争先恐后要求参加农会。当年，衡阳县农民运动风起云涌，成为全省农运最发达的县份之一。

因为衡阳县农民运动的显著成绩，也为了适应农村革命形势发展的需要，1926年冬，中共湘南地方执行委员会在衡阳县开办了农民运动讲习所、农村教育讲习所。凭着坚定的政治信仰和丰富的实践经验，夏明霹被选任为农村教育讲习所政治教员。在讲课中，他结合农运工作实际，深入浅出地讲解农村的形势和革命的道理，启发诱导学员紧跟共产党闹革命，求翻身，得解放，为实现共产主义的伟大事业而奋斗终生。

为了全面提高农民的思想觉悟和政治文化水平，夏明霹在做好政治教育工作的同时，征得领导同意，与女三师学生毛泽建、夏明衡一道，在集兵滩观音堂、集兵滩钟花园创办了甲乙两个区农运训练班。辅导农民学习政治、文化知识，教唱进步歌曲；注意在学员中培养发现人才，发展党员，为衡阳各区乡农民协会培养了大批骨干力量。

农民运动如火如荼，革命形势一片大好。如何让暴风骤雨般的农村大革命运动轰轰烈烈地发展下去？夏明霹依照上级指示，着手建立革命武装。1927年1月，他仍以特派员和教员的身份，配合县区农协其他领导，深入渣江、台源、集兵等区乡，秘密宣传发动，建立了农民纠察队和农民自卫武装，组织铁匠打制梭镖，带领队员制造武器，为农民武装斗争做好了前期的准备工作。广大农民凭着自己的武装力量，有力地打击了封建统治阶级反动势力，实现了"一切权力归农会"。

夏明霹聆听毛泽东关于"农民运动之理论及策略"等专题报告，坚定了"实行农村革命"的决心。他组建衡北游击师，活跃于集兵、岣嵝峰一带。

衡阳农民运动讲习所学员毕业后，回到各地创建农民协会。这是当时各县农民协会建立情况的统计表

衡阳县农民协会1926年6月10日正式成立时与会者的合影

大革命失败后，反动势力十分猖獗，夏明霹置个人安危于不顾，继续在集兵滩、岣嵝峰一带领导当地群众开展游击战争。这是当时农民武装使用的器械

正当衡阳县农民运动处于如火如荼、轰轰烈烈的高潮之中时，1927年3月，夏明霹根据组织安排，赴湖北武昌中央农民运动讲习所学习。对于夏明霹来说，这是一次非常难得的学习机会。在不到3个月的时间里，夏明霹经常与同学聚集一起，畅谈革命形势，交流学习经验，聆听了毛泽东关于"农民运动之理论及策略""中国农民运动之现状及趋势""农村合作"等专题的报告，学完了29门科目。通过学习，明霹的思想发生了深刻变化，更加坚定了"实行农村革命，推翻封建势力，为农民奋斗而牺牲"的决心。

3月26日，夏明霹参加了中央农讲所800余学员"反对蒋介石"的大会，提出反对蒋介石的种种事实和理由，罢课抗议蒋介石踩躏党权，无视党纪的言论行动。他们结队渡江至汉口，"齐赴中央党部执行委员会请愿"，要求"将蒋介石交付监察委员会和军事委员会按照党纪惩办"，直到"中央党部已有满意答复"，才"欣然结队而归"。

在中央农讲所学习结业，夏明霹怀着对党和人民的忠诚，对家乡的热爱，立即返回长沙，向担任湖南省委组织部部长的哥哥夏明翰汇报了自己的学习情况，随后，在革命遭到失败及革命者随时可能遭到屠杀的非常时期，毫不犹豫地返回衡阳集兵滩、岣嵝峰一带开展武装斗争。

1927年5月27日，沁日事变拉开了衡阳反动派血腥反共的序幕，屠刀所向，腥风血雨，白色恐怖笼罩衡阳城乡，轰轰烈烈的大革命运动被绞杀了。

在这惊涛骇浪面前，夏明霹临危不惧，决心组织人民的武装来抵抗反动的武装。他与萧觉先、戴今吾等党员干部一道，分别把神皇山、磴子岭、月山和麻町、妙溪一带的共产党员和积极分子重新组织起来，组建了一支拥有200多人的农民游击武装——衡北游击师，亦称边防暴动队。他们在妙溪山上架起红炉，打制梭镖，潜入荒庙秘密制造武器弹药，奋起反击国民党反动派的大屠杀，出奇制胜地打击驻扎在南岳和岣嵝一带的国民党团防局。

一天深夜，肖觉先、夏明霹带领40余人的游击队，摸黑来到了国清堂团防局的围墙边。围墙有丈余高，墙顶插满了碎玻璃片，院子里不时射出一束束白色的手电光。明霹和游击队员迅捷地避开敌人的手电光，搭起人梯翻过围墙，按照事先的计划，钻进敌人的营房，对着敌人的卧室射出一梭梭子弹，敌人顿时吓得魂不附体，慌忙从床上爬起，举着颤抖的双手向游击队求饶。直到第二天早上，敌人的上级才知道团防局的枪全部被游击队缴去。

10月，暴动队夺取了石头桥团防局的30多支枪，杀掉了恶贯满盈的土豪劣绅钟凤鸣、钟德胜、刘超南等人，查抄了他们的家产，烧毁债据、租簿和田契等，将没收财产分给劳苦大众。当地农民士气高涨，纷纷报名参加暴动队，暴动队员由200余人迅速增加到700余人。

边防暴动队的节节胜利，极大地鼓舞了农民的斗志，也使得衡阳的反动派惊恐万状，许多土豪劣绅如丧家之犬，躲进县城。10月27

## 第三章 一门英烈

日,岣嵝镇挨户团勾结县府、警备队和各地团防局采取连环战术,向衡北游击师的大本营岣嵝峰、妙溪、法伦寺一带发起"围剿"。11月中旬,暴动队在法伦寺与敌激战数日,最终因寡不敌众而失利,队伍被打散。

在此严峻形势下,夏明霹并不因此气馁,他耐心地做好队员的思想政治工作,把打散了的队员们重新组织起来,继续在白石峰、岣嵝峰一带进行游击战争。12月,他以游击队长的身份,带领队员参加陈佑魁领导的衡阳"年关暴动"。他英勇顽强,迎着敌人的炮火,冲锋在前,缴获敌人许多枪支弹药。

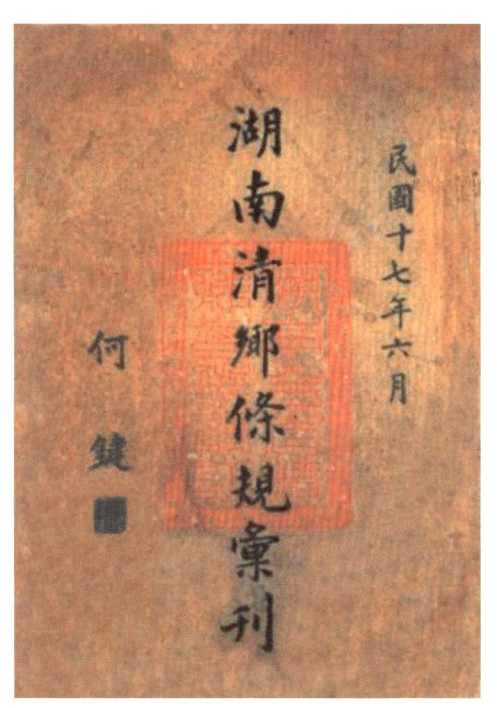

湖南清乡督办署印发的"清乡铲共"文件《湖南清乡条规汇刊》

1928年春节前夕,夏明霹带领队员,冒着凛冽的寒风,在衡阳城郊金甲岭秘密制造手榴弹等武器弹药,准备把噩梦带给反动军阀劣绅。然而,由于叛徒告密,游击队的行动被敌人发现,夏明霹和黄文彪等人陷入敌人包围,在激战中不幸被俘。

**敌人用铁丝穿进他的手心,用刀割掉他的脚跟,夏明霹像钢铁一般,强忍剧痛,大义凛然,视死如归。**

"共产党人是用钢铁做的!"这句话,生动地表述了共产党人在敌人面前顽强的意志和大无畏的牺牲精神,它也是夏明霹在狱中与敌人进行顽强斗争的真实写照。

夏明霹被捕后,党组织千方百计加以营救,秘密派人进狱慰问。在狱中，尽管敌人对夏明霹施尽种种酷刑，但都没有达到他们预定的罪恶目的。

在夏明霹被捕的第二天，一个反动军阀以"看望"为名，行劝降之实。他推开牢门，见面便满脸堆笑地向夏明霹伸出一只手，夏明霹暗自好笑，知道他是来劝降的，转过身子，装作没看见一样。

反动军阀开场就碰了个钉子，心中恼恨，但还是装着不介意，皮笑肉不笑地说："明霹老弟，你小小年纪，聪明能干，又出身豪门望族，前程远大啊。"

夏明霹正气凛然，斩钉截铁地说："我的前程怎样，自有我的选择，用不着你来说三道四！"

对方强装笑脸，狡诈地说："好！那我就直跟你说吧，只要你写出悔过自新书，举出同党姓名和地址，过去的事一概既往不咎。"

夏明霹怒火中烧，用手指着反动军阀的鼻子，怒斥道："混账东西！你们混淆是非，颠倒黑白，明明是你们鱼肉人民，欺压群众，草菅人命，却倒打一耙，反要我来悔过，完全是强盗逻辑！人民会跟你们这帮吸血鬼算账的！"说到这里，夏明霹怒眼圆睁，愤怒至极地大声呵斥："头可断，血可流，要你夏爷爷叛变自首，永远办不到！"

反动军阀气急败坏，暴跳如雷，立即对夏明霹猛下毒手。他们对夏明霹严刑拷打，用铁丝穿进他的手心，用刀割掉他的脚跟。夏明霹像钢铁一般，强忍剧痛，大义凛然，视死如归。此刻，他想起了叱咤风云的学生时代、风起云涌的反帝爱国斗争和轰轰烈烈的农民运动，想起那正处在水深火热之中的千百万农民兄弟，想起曾经一起战斗的明翰哥哥、明震哥哥、明衡姐姐，心中充满了无限的自豪和骄傲。

1928年2月28日清晨，朔风哀号，湘江滚泪。夏明霹等10多位共产党员和农会干部，被反动军阀押往衡阳城小西门外演武坪刑场。行刑队伍沿衡阳下横街向北行进，满身血污的夏明霹，沿途高呼"共产党万岁"的口号，每喊一声，刽子手就用马刀在其背上砍一刀，

第三章 一门英烈

夏明霹一路血流不止。大早起来的市民群众见到这个场面，莫不感而泣之。最后夏明霹和10多位共产党员和农会干部惨遭杀害。

夏明霹，用他20岁的年轻生命向世人证明什么是共产党人的凛然正气。他的满腔鲜血，染红大地，映红山岳，映红了蔚蓝的天空！

昔日的演武坪，一度是国民党反动派杀戮革命烈士的刑场，今天已成了繁华的街道，并以夏明翰烈士的名字命名为明翰路

## 四 夏明衡：巾帼当豪杰，死亦为鬼雄

被家人称为"假小子"的夏明衡，巾帼不让须眉，在三哥明翰的影响下，喊出了"革命要从自己家里革起"的口号。

夏明衡（1902—1928）

夏明衡，号淑璇，夏明翰的胞妹，夏明震、夏明霹烈士的姐姐。

147

明衡从小性格勇毅刚强,"巾帼不让须眉",遇事敢于担当,敢于作为,浑身洋溢着男子汉的气质,加之留一头短发,行事干脆利落,姊妹们都称她"假小子"。

五四运动爆发后,受夏明翰进步思想的影响,明衡积极投身反帝反封建的爱国斗争,处处走在前、不示弱。她天天跟着三哥走街串巷,游行示威,喊口号、贴标语、散传单,一样也没落下,小小年纪就展现出巾帼英豪的风采。

在衡阳学生发起的抵制日货的斗争中,夏明衡与同学们一起,商同各界人士,组成国货维持小分队,戴着红袖章,高举小红旗,深入不法奸商的货场、仓库、店堂、铺房,严格清查日货。对查出的日货,一律加盖"仇""劣"字样,集中送到"焚烧日货大会"上予以销毁。

"打铁还要自身硬""行动就是最好的命令",年轻的夏明衡深深懂得这些道理。她第一个喊出"革命要从自己家里革起"的口号,决心与兄弟们一道,把爷爷原来购置的日货彻底处理。当时哥哥夏明翰带领

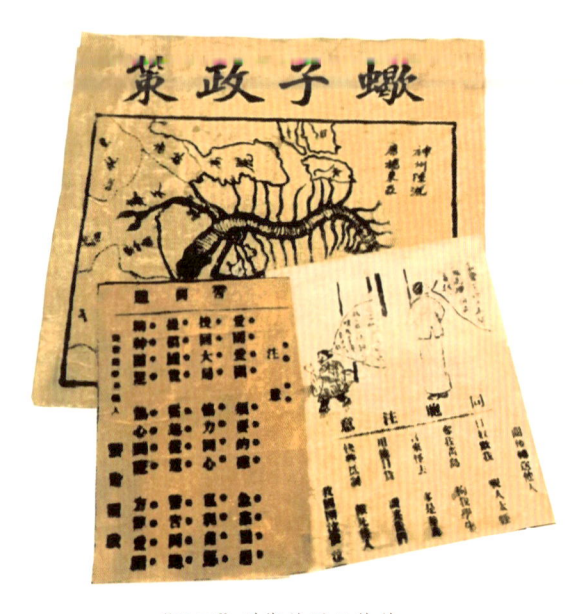

"五四"时期的反日传单

明震、明霹两个弟弟跑到家里清查，却一件日货都找不到。

正在焦急的时候，夏明衡故意问道："为什么要急于找日货呢？"

四弟明震激昂地说："日本鬼子对我们进行经济掠夺，我们就要用行动表示反抗！"

明衡听了，便机警地把前两天发现家里人隐藏日货的情况告诉兄弟们。于是夏明翰、夏明震等冲到东厢书房，撬开夹墙，把里面的日货都搜了出来，堆在大院里，全部付之一炬。

爷爷夏时济闻讯赶到现场，面对熊熊烈火，气得五脏生烟，却只能无可奈何地跺着脚喊道："你们这班逆子啊！"

丈夫是个纨绔子弟，明衡忍受不了志不同道不合的家庭生活，毅然摆脱封建婚姻。

爱情是婚姻美满幸福的基础和前提。夏明衡的婚姻，却走进了无爱的陷阱。

1920年，年方十八的夏明衡正投身于三哥夏明翰组织的学生运动中，根本无心考虑自己的婚事。父亲英年早逝，家中的大小事情全由祖父夏时济做主。在夏家这样一个封建士大夫家庭，"父母之命，媒妁之言""男大当婚，女大当嫁"的婚姻观根深蒂固，个人婚姻大事根本容不得自己做主，完全听从家长安排。

焚烧家中日货事件后，夏老爷子深为明衡这位孙女担心，生怕她再发生什么"越轨"行为，便由媒妁之言，在未经夏明衡同意的情况下，将她许配给了长沙槊梨一户小康人家的郑哲生为妻。

谁知郑哲生是个纨绔子弟，虽无多少家产，却效仿富家少爷做派，放浪不羁，而且思想封闭保守，尤其是不学诗书，不通文墨，是个"粗人"。相较之下，夏家无论男女，个个饱读诗书，满腹经纶，出口成章，就是不识字的佣人，也能背诵几十首唐诗。每逢良宵佳节，夏家所有家庭成员常常会聚一堂，举行家庭诗会，大家饮酒吟诗作对，竞比文采。而郑哲生既不会吟诗，也不会作对，只能被冷落在一旁。特别是大家轮流吟咏唱和的时候，轮到郑哲生这里他只能哑口无言，无以对答，明衡感觉很是丢人。

因为不堪忍受志不同道不合的家庭生活，在三哥夏明翰的支持下，明衡决心摆脱封建婚姻，走上新生之路。1922年夏的一天深夜，趁丈夫熟睡之机，明衡背上事先收拾好的几件衣物，轻轻地打开后门，毅然脱离郑家，只身直奔长沙城区，来到了大姐明玮、三哥明翰生活工作的地方，由此走上了追求正义、救国救民之路。

**在长沙，夏明衡结识了毛泽东的堂妹毛泽建，后与毛泽建领导了震惊湖南教育界的三女师学潮，轰动了衡阳教育界。**

明衡住在姐姐明玮的家里，在哥哥、姐姐的指导下，学习文化知识，经常阅读毛泽东创办的《湘江评论》和其他进步刊物，逐渐懂得了许多革命的道理。这年秋天，在明玮、明翰的帮助下，她进入长沙自治女校，一面做工，一面读书，生活虽然非常艰苦，但她经常与学校进步学生交流，精神上非常富足。

在长沙自治女校，夏明衡结识了毛泽建、朱近之、卜仁贞等进步同学，从此，夏明衡便跟随毛泽建从事革命活动。不久，经毛泽建介绍，她加入了中国社会主义青年团，成为进步学生骨干。

毛泽建，湖南省湘潭县人，系毛泽东的堂妹，1905年生，1923年加入中国共产党。曾任湖南省立第三女子师范学校党支部书记。1926年在衡阳北乡集兵滩、神皇山参与创办农民运动讲习所和农民协会。马日事变后，在衡阳、衡山坚持武装斗争。1928年春，赴耒阳参加湘南暴动，后不幸被捕。1929年8月，英勇就义于衡山县城，当时年仅24岁。

1924年春，大姐夏明玮由长沙来衡阳三女师附小教书，明衡也随迁来衡阳。根据夏明翰和湖南学生联合会的安排，毛泽建、夏明衡、朱近之、卜仁贞等，一同到衡阳从事革命活动。当时，夏明翰给家人写信，要求明玮、明震务必安排好毛泽建的食宿。这样，毛泽建刚来衡阳时在夏明翰家里住了半个多月，夏明衡也陪同毛泽建住在娘家。

这年秋天，夏明衡、毛泽建、朱近之、卜仁贞4人一同参加考试，进入湖南省立第三女子师范学校读书。三女师创建于1912年，校址就在离明衡娘家不到两里路远的衡阳江东岸荷花坪，与湖南省立第三师范学校一样，是当时思想最活跃的阵地。

夏明衡进入三女师后，积极参加学校和社会上的政治活动，经常与同学们一道探讨国家大事，宣传"我们为什么主张马克思主义"的道理。此时，毛泽建改名为毛达湘，由组织上安排担任三女师党支部书记。夏明衡也由毛达湘介绍加入中国共产党，后成为三女师党支部负责人之一。

在校期间，毛泽建与夏明衡领导了震惊湖南教育界的三女师学潮。1923年至1926年，欧鸣皋任三女师校长，他是衡阳教育界反动透顶、顽固不化的头面人物，强力压制学生运动，伙同学校财务人员贪污学生伙食费。夏明衡与毛泽建率领进步同学组成清账小组，用事实揭露欧鸣皋的贪污罪行。迫于学生的压力，欧鸣皋不得不要求财务人员退回了贪污的钱款，采取措施改善了学生的伙食。

这时候，欧鸣皋求助佛教来化解矛盾，特地雇请和尚来校传经授课，企图以此麻痹女学生的革命意志。夏明衡率进步同学质问欧鸣皋："三女师是寺庙还是学校，作为校长，你是不是想把学生都培养成尼姑、道姑？"弄得欧鸣皋狼狈不堪，和尚见势不妙，也在学生们的嘲笑声中落荒而逃。此次学潮，坚持一个多月，终于取得斗争胜利，轰动了衡阳乃至湖南教育界。

三女师学运斗争的胜利，引起了衡阳学界的关注，夏明衡在其中的关键性作用，也得到了广大进步学生的一致认可。1925年，在湘南学联的换届选举中，夏明衡被大家推举为学联委员。

震惊中外的上海"五卅"惨案发生以后，在湘南学联的领导下，衡阳开展了声势浩大的反帝反军阀的斗争。此时，湖南省省长赵恒惕向全省发出了所谓的"四斩令"，军警特务日夜在校侦伺，但夏明衡毫无惧色，始终站在斗争的最前线。她积极组织同学到街头、工厂和城

湖南省立第三女子师范学校

郊讲演，运用文明戏、走马灯等群众喜闻乐见的形式，演出捉土豪劣绅、评买办资本家、破封建迷信等内容的节目，揭露帝国主义罪行，宣传新文化、新思想和革命斗争新事物，发动工人罢工，学生罢课，商人罢市，抗议帝国主义者屠杀中国人民的残酷暴行，对衡阳人民的觉醒和爱国运动的发展起到了巨大的推动作用。

夏明衡是衡阳妇女运动先驱，创办衡阳妇女运动讲习所，致力于妇女解放，所编《妇女歌》在衡阳一带广为流传。

随着大革命的蓬勃兴起，衡阳农民运动和妇女运动也风起云涌，如火如荼。1926年6月10日，衡阳县农民协会宣告成立，夏明衡担任农民协会学运部长。她还曾负责衡阳县女界联合会。国共合作时期她先后担任国民党衡阳市（当时仅指衡阳城区）党部妇女部长、中共湘南地方执行委员会委员（分管妇运和学运工作）、中共衡阳地方执行委员会委员。1927年8月，重新组建中共衡阳县委，夏明衡任县委委员。

衡阳的妇女运动始于五四运动之初，1919年夏，随着五四运动的蓬勃兴起，衡阳学界的女青年便积极投身反帝反封建的各项斗争，在斗争中培养造就了一大批妇女运动的骨干和领袖人物，夏明衡就是其中的杰出代表。

衡阳最早建立起来的妇女组织，是三女师的"妇女救国会"。继而逐步成立各级女界联合会，夏明衡都是积极的参与者和推动者。1925年6月13日，由曾经、夏明衡等数十人发起组织的"湘南女界联合会"在潇湘女子职业中学召开预备会议，议决女界团体不能偏重知识分子，要让大多数无知的妇女有参加的机会。

1926年前后，夏明衡在衡阳开展妇女运动时教唱了一首名为《金花籽开红花》的歌曲，这首歌当时在衡阳一带广为流传：

金花籽，开红花，
一开开到穷人家。
穷人家，要翻身，
世道才像话。

1927年1月27日，湖南省第一次妇女代表大会在长沙召开，夏明衡等4人代表衡阳妇女界出席了这次会议。代表们回衡后，在市党部礼堂举行妇女代表大会，各地、各乡镇到会妇女代表75人，市、县两党部执委及各团体代表50人参加，到会旁听者约500人。会议决定今后的衡阳妇女运动将由城市的女学生运动扩展为乡村农妇运动，更快地促进妇女解放，动员她们迅速投身到大革命的热潮中去。

为培养妇女干部，夏明衡与朱石君、侯碧兰等共同创办了衡阳妇女运动讲习所，讲习所所长由三师教员、共产党员吴鸣岗担任。夏明衡亲自担任讲课老师。第一期讲授的主要内容为"妇女解放"和"妇女革命"，提出"禁止纳妾，禁止童养媳，禁止缠脚，实行婚姻自主，

1926年，蒋先云夫人李祗欣（前左三）赴粤投身革命洪流，临行前与夏明衡（后右一）等三女师同学合影纪念

反对封建礼教"等政治口号，组织编写了通俗易懂的《农妇歌》，教学员传唱。

《农妇歌》唱道：

> 不打鼓来不敲锣，听我唱个农妇歌。
> 讲起农妇心头痛，艰难困苦是几多。
> 清晨大早就起来，桩桩件件待安排。
> 烧茶煮饭不须说，还要抚抱小乖乖。
> 乖乖长得虽好看，妈妈痛苦不堪言。
> 一年四季春复秋，丈夫天天叱耕牛。
> 辛勤种出谷米来，粒粒挑送地主收。
> ………

讲习所第一期培训来自区、乡的学员60余人，她们回去以后，全部成为当地妇女运动的骨干。

夏明衡还深入集兵滩、车江等地，带领当地妇女骨干，在乡村办起妇女夜校，一方面教她们读书识字，一方面讲授妇女翻身求解放的道理。夏明衡经常对大家讲，我们既然决定终身投身革命，就要把自己作为一个宣传者、教育者，向群众宣传，只要是可以教育的人，我们就不要放弃他们。通过在讲习所和妇女夜校的学习，不少妇女走出家庭，迈向社会，投身反帝反封建斗争。

衡阳县金溪乡有个外号叫唐拐子的公公，对待媳妇一贯刻薄。媳妇参加女界联合会，他就骂媳妇是"男不男，女不女，雷打脑壳的丑婆娘"。媳妇理直气壮地回答："如今男女平等，我有我的自由。"唐拐子辩不过，就毒打媳妇。这件事引起乡女界联合会的重视，在该会主任、妇女讲习所学员方桂英的带领下，把唐拐子抓起来，戴上猪脑壳帽子游垅。

一个朱姓少女在杨家做童养媳，由于经常遭到虐待，身体发育迟

夏明衡编写的《农妇歌》和经常阅读的《妇女评论》

缓，十分瘦弱，她的婆婆竟强迫她和年大体强的所谓丈夫同房。她极度害怕，只好向邻居求援，经邻居启发，她提出离婚。杨家便以索还10多年的饭钱相要挟。朱女向妇女会求助，夏明衡决定向农会反映，农会把婆婆传来，指出其虐待罪行，说明朱女在杨家做工的应得工资，抵销饭钱有余。婆婆还企图强辩，农会当场宣布婚姻无效，无条件恢复朱女的自由，将虐待童养媳的婆婆押上街游行示众，人人为之拍手称快。

五四运动后，随着新思想新文化的传播，废除娼妓成为妇女运动的重要内容。衡阳女界紧跟全国形势，在妇女联合会的带领下，开展了衡阳历史上的第一次废娼运动，时间长达5年之久。侯碧兰、夏明衡、朱石君等女界精英，组织开展废除娼妓宣传活动，深入楼堂馆所查办卖淫嫖娼行为，挽救了一大批失足妇女。为了解决这批妇女的生活问题，她们在妇女运动讲习所、妇女夜校举办缝纫、针织、布鞋等女子职业短训班，开办"妇女园艺所""妇女缝纫班"等团体，让一大批妇女走上了新生之路。

**国民党清乡委员会急令一个加强排搜捕夏明衡,她宁死也不愿让敌人捉住,纵身跳入打卦岭周祠门前的大水塘里,不幸遇难。**

1927年以蒋介石为首的国民党右派,背叛孙中山的遗训,悍然破坏国共合作的统一战线,在上海发动四一二反革命政变,屠杀共产党员和革命群众。5月21日和27日,长沙、衡阳先后发生了马日事变和沁日事变,衡阳城乡笼罩着一片白色恐怖。

夏明衡眼看一大批共产党员和革命志士被反动派无辜杀害,县农民协会和县总工会等均被解散、捣毁,她心急如焚,随萧觉先、戴今吾、毛达湘等中共衡阳县委和湘南区委机关的同志,迅速转移到岣嵝峰脚下的妙溪,决定以妙溪为中心,深入发动群众,建立革命武装,用梭镖、大刀、长矛、鸟铳同反动派进行针锋相对的斗争。

此时,各区乡农民协会大都已被反动团防局捣毁了,萧觉先、戴今吾、夏明衡等人商量,把各乡来岣嵝峰隐蔽的30多个共产党员召集拢来,恢复和扩充了妙溪、麻町两处党的支部,积极筹建农民游击武装。

6月13日,萧觉先、戴今吾、夏明衡率领妙溪、麻町、月山、神皇山等地农民千余人,携带40余支鸟铳以及大刀、梭镖、棍棒等武器,直捣集兵滩大恶霸地主罗老八的老巢罗家坪,责令罗家缴粮派款,罗老八狼狈而逃。第二天队伍又开进妙溪大地主周福山家,缴获银洋300元作为武装经费。队员们编起顺口溜唱道:"农民队伍好大胆,一副拳头去造反。先打罗家坪,再打神皇山。神皇山站岗,队伍休整忙。睡的睡桥上,躺的躺门板。等到天一亮,开进七里山。七里山上又

根据中共湘南特委的安排,夏明衡与毛泽建、萧觉先等人来到衡阳县神皇山,协助当地农民创建了神皇山农民协会。这是神皇山农民协会旧址

开会，打倒地主周福山。"

在筹划武装斗争的过程中，萧觉先考虑到光凭鸟铳、大刀、梭镖等武器还是不行，必须想法从敌人手里夺取枪械来武装自己。一天，衡山东湖团防局有5个团丁到南岳后山进行搜刮。游击队闻报，立即派人在华盖峰卡口处埋伏下来，等那5个团丁一走进埋伏圈便将他们全部擒拿，缴获了敌人5支步枪。接着趁着夜色，袭击了国清堂团防局，缴获长短枪共25支。10月初，农民武装队伍正式命名为"衡北游击师"。

19日夜晚，在中共湘南特委和衡阳县委的部署下，妙溪、麻町、月山、神皇、江柏堰、界牌、石头桥以及衡山南岳等处方圆百里的农民群众，联合举行声势浩大的武装暴动。

武装斗争的节节胜利，也引起了国民党反动派的疯狂反扑。他们调集大批兵力追杀暴动队伍，同时大肆抓捕共产党人和游击队员。"年关暴动"的计划因此难以实施，根据党组织的安排，衡北游击师的骨干成员也不得不分散到各地开展隐蔽斗争。

在一次战斗中与队伍失散后，夏明衡随陈芬、毛泽建夫妇来到衡山，后又辗转到长沙，希望在长沙找到哥哥夏明翰。在不能得到明翰任何信息的情况下，她于1928年春只身避往长沙东乡打卦岭三女师同学刘凯庄家。刘父安排她在自己任教的小学里做代课教师。安顿下来后，她又同刘凯庄借用刘氏一处公房，创办了一所"喜农女校"，招收贫苦人家的女孩、小媳妇入学。夏明衡以喜农女校为基地，继续宣传革命。

一个月后，明衡获悉明翰哥哥在武汉英勇就义的消息，心情十分悲痛，抄写了一首诗，表达自己对哥哥的深切怀念之情。

等是有家归未得，<br>
杜鹃休想耳边啼。<br>
行不得也哥哥，

> 行不得也哥哥。

1928年6月,湖南省"清乡委员会"得报,夏明衡隐蔽在长沙打卦岭,急令一个加强排开赴打卦岭搜捕。

夏明衡自知已无路可走,但她宁死也不愿让敌人捉住,便纵身跳入打卦岭周祠门前的大水塘里,不幸遇难,为党和人民献出了年仅26岁的生命。

关于夏明衡牺牲的情况,原湖南三师学生周俊,在接受湘南学联纪念馆工作人员采访时做过这样的描述:

> 夏明衡是著名烈士夏明翰的妹妹,在校表现很好,搞学生会工作和妇女工作很积极。
>
> 大革命失败,湖南马日事变后,大概是一九二八年的夏天,就是夏明翰牺牲后不久,因反动派到处追捕革命同志,夏明衡转移了几处地方,都被发现,后转到同学处刘凯庄家,又被反动派追逼,夏明衡不甘被敌人残害,便投塘牺牲了。后打捞上来,乡村群众无不感到悲愤惋惜,大家出钱买了棺木,葬在刘凯庄家侧旁一个山头上,即长沙县东乡打卦岭上。几天以后,组织上即派人挖出棺木转移到另一个地方,什么地方不清楚。这件事刘凯庄的妹妹刘庄清知道的最清楚,我也都是从她那里所知,她现在住在长沙市黄土岭,即市委敬老院里面。还有个叫陈迪如的,住在北区一个宿舍里。
>
> 还听说夏明衡牺牲后,刘家在夏明衡住的地方还发现有她写的一首遗诗,有八行,我只记得后四行,即是:
>
> 等视有家归未得,杜鹃休想耳边啼。行不得也哥哥,行不得也哥哥。
>
> 其他四句也都是表达对革命前途的感叹和忧虑。

夏明翰的姐姐夏明玮（右）和妹妹夏明衡（左）

夏明玮（1893—1976）

第三章 一门英烈

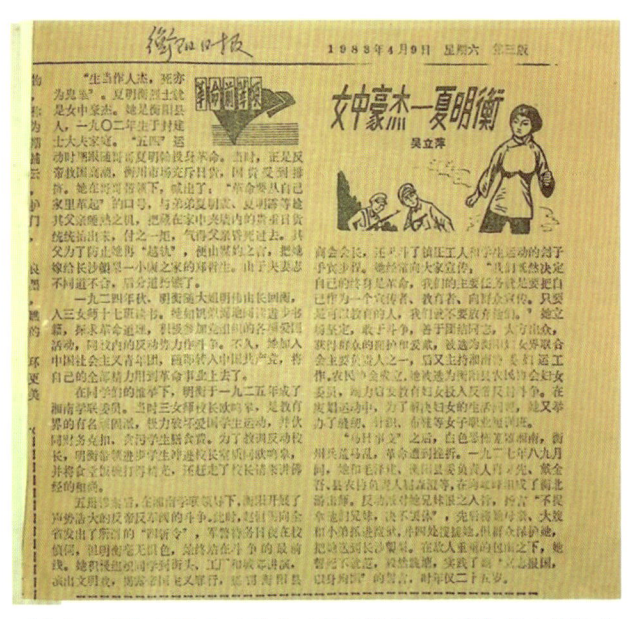

《衡阳日报》1988年4月9日第3版关于夏明衡事迹的报道

## 五 邬依庄：继承先烈志，疆场后来人

"这孩子聪明应反快，你要好好培养他。"夏明翰特别喜欢邬依庄这个外甥。

邬依庄（1911—1930）

邬依庄，又名邬一之，1911年出生于长沙城小吴门附近乐古道巷的一处民房，是夏明翰的外甥，夏明翰大姐夏明玮之子。

夏明玮早年加入中国共产党，曾先后在衡阳三女师附小、周南附小、清华大学附属成志小学等学校担任教师。曾受共产党派遣，准备赴湘西任县长。马日事变后，多次被国民党反动派拘禁，因证据不足，才从监狱里放出来，后长期隐蔽在北京外祖父陈嘉言家里。

明玮经常跟夏明翰接触，思想开明，向往民主，支持革命。她家住在长沙，明翰刚从衡阳来到长沙时，有很长一段时间，就住在大姐家里，多次组织革命人士在她家阁楼开会，许多秘密活动都是在大姐的掩护下进行。

1926年到1927年之间，明玮家从小吴门搬到种福源云衢巷二号。这个时期，明震、明霹、明衡兄妹，先后来到长沙，在长沙政治讲习所学习，都住在明玮家里。夏明翰也曾来短住，占用两间房，楼下一间是他的卧室，楼上一间是他和郭亮研究工作和油印传单的办公室。

夏明翰非常喜欢大姐明玮的几个孩子，外甥女邬贻训后来回忆道：

> 三舅很喜欢我的弟妹们，特别是我的弟弟。那时我的妹妹还小，一看到三舅来就要让三舅抱抱，三舅把她举得高高的，逗着她说："你长得高高的像个男孩，将来你一定也是一个革命者，可是要记住：一心为公。"
>
> 我弟弟听了就问："什么是一心为公？"三舅听了对妈妈说："这孩子聪明反应快，你要好好培养他。"从此他每次来我家，总要问问弟弟在学校里成绩怎么样，还替他补习功课。他还常常对弟弟说："你不要一讲话就是我，我，我……"
>
> 我有次看到三舅发现弟弟在一本故事书面上写着："邬贻庄所有权，任何人不得拿。"于是，他便严肃地对弟弟说："什么所有权？书要大家看，姐姐可以看，妹妹也可以看，你自私！公和私，

你还没有懂得，跟你说了好几遍，你还不明白。"

弟弟低下头，一句话也不说。他后来进步很快。

1926年，年仅15岁的邬依庄跟随妈妈一起进了毛泽东亲手创办的政治讲习所学习，在这里，他加入了中国共产主义青年团，认识了毛泽东、何叔衡、郭亮、夏曦等革命前辈，阅读了《共产党宣言》《社会主义》和《向导》《新青年》《湘江评论》等进步书刊，懂得了许多革命的道理，为他日后走上救国济民的道路奠定了坚实的思想基础和理论基础。

**3个舅舅和1个姨妈相继为革命牺牲，邬依庄立志做"革命后来人"。**

马日事变后，国内形势骤变，邬依庄的姐妹们突然发现跟舅舅他们来往的那些人都不到家里来了，连办公的用品也搬走了，明翰舅舅也好久不曾见到。有一天，邬依庄对姐姐邬贻训说："以后要少到外面去呀。"姐姐问他为什么，邬依庄也答不上来，只说是三舅明翰和七舅明霆离开家里的时候对他说的。那段日子，他们就整天待在家里。

果然，形势一天一天紧张起来，到处都在说哪里哪里又枪毙了人，哪里哪里一家人都被逮捕了。革命群众、共产党人并没有被这种白色恐怖所吓倒，革命活动仍在继续。

有一次，邬依庄的同志来找他，交给他一包传单让他发出去，又说三舅和七舅正在党的领导下，组织夺枪斗争。邬依庄紧张地奔波了好几天，终于圆满完成任务。

农历八月的一天，正是妹妹邬贻楣的生日，奶奶泡了些芝麻豆子茶让大家喝，突然后门有人叫："邬一之，邬一之，快走！"

邬依庄立即从后门走出去了。不久，前门又有人敲门叫："邬一之，邬一之！"接着便进来四五人，把全家人团团围住，到处搜查，把地板也都撬开了，没有搜到什么，最后就把夏明玮带走了。后来审讯，什么证据也没有，还是邬依庄的奶奶花钱找人把她保了出来。

1930年7月29日，长沙10万市民集会，庆祝红军占领长沙

此后家里便经常遭到国民党反动派的搜查，夏明玮和邬依庄几次被反动派抓去审讯，只因缺乏证据，又被释放，但家里从此不得安宁，仍然不断地遭到骚扰。在此情况下，夏明玮只有逃离长沙，去北京住到外公陈梅生（陈嘉言）的家里。

到了1928年，噩耗不断传来。首先是从报纸上看到三舅夏明翰在武汉惨遭杀害的消息，接着，衡阳那边的亲戚不时带来坏消息，明震、明衡、明霹都死于反动派之手。

17岁的邬依庄已经完全有了自己独立的思想。3个舅舅和1个姨妈相继壮烈牺牲，自己的母亲也被迫背井离乡，更加激起了他对国民党反动派黑暗统治的无比痛恨，更加坚定了他参加革命的意志，他决心加入共产党的队伍，为亲人们和天下所有被杀害的共产党人报仇。

1930年7月27日，彭德怀率红三军团攻克长沙。看到长沙城里浩浩荡荡的红军队伍，邬依庄很是羡慕，他当即冲上前去，找到红军的首长，强烈请求加入红军队伍。当时，红军首长问他："为什么要参加红军？"邬依庄讲述了自己4位长辈为革命抛头颅洒热血的英雄事迹，表达了自己对国民党反动派的痛恨，最后动情地说道："我要向舅舅和姨妈学习，做革命的后来人，为共产主义事业奋斗终生！"

首长拍了拍邬依庄的肩膀，称赞道："很好，红军就需要你这样的红小伙。"并当即批准他加入红军队伍。

为了打破敌人的经济封锁，邬依庄踊跃参加苏区大办手工业工厂和农业合作社的生产劳动，又投身创办列宁小学、工农夜校等文教事业，辅导文化水平较低的青年战士和驻地农民群众学习文化知识。他光荣地加入了中国共产党，由一名普通士兵成长为连队指导员。

**奉命带领红军战士活捉伪湖南省反省院院长袁筑东，押送红军总部途中遭遇国民党军队，激战中不幸中弹光荣牺牲。**

在一次战前动员中，邬依庄对战士们说："加入红军队伍，就是为了拯救劳苦大众，就意味着献身，意味着牺牲。为了党和人民的利益，为了推翻压在我们头上的反动派，我们就要时刻准备着牺牲自己的一切，直至宝贵的生命。"邬依庄这样教育战士们，自己也用实际行动践行了铮铮誓言。

当年，伪湖南省反省院院长袁筑东，参与审判杀害共产党人，手上沾满了人民的鲜血。邬依庄接到上级指示，将其捉拿归案，交人民审判，为人民除害。

那是一个下着细雨的夜晚，冷风呼呼地刮着，天地一片漆黑。邬依庄奉命带领一支红军队伍，趁夜摸到袁筑东的老巢。谁知袁筑东自知罪孽深重，害怕红军惩罚，便早做防备，躲藏在一户姓李的人家。

当地老百姓对袁筑东的所作所为早就深为痛恨，他们告诉邬依庄，袁筑东躲到李家去了。邬依庄带领战士们，飞奔到李家，敲开李家大门，把还躺在床上的袁筑东逮了个正着。他们把袁从床上拖下，用绳子将他五花大绑。邬依庄下令："走，将袁筑东押往红军总部。"

在前往红军总部所在地的途中，行至十字岭马路时，远处突然传来密集的枪声，越往前走，枪声越紧。邬依庄紧急下令："就地枪决！"

队伍便停下来，袁筑东吓得直打哆嗦，赶紧说："邬一之，邬一之，你还认得我吗？"

邬依庄说："认得，你就是坏事做绝的袁筑东。"

"你忘记了我是救你出来的恩人啊，今天你难道不能救我吗？"

邬依庄不曾忘记，就是这个袁筑东，将他母子抓进监狱，几次审讯，苦于找不到证据，才将他们释放。可是，还有多少共产党人死于袁筑东之手？

想到这里，邬依庄拔出手枪，对准袁筑东的脑袋："有多少共产党人被你杀害？你罪大恶极，死不可赦！""砰砰"两声枪响，便结束了袁筑东罪恶的性命。

这时候，反动派的队伍赶到。红军队伍紧急向浏阳门外撤退，他们边打边撤，在激烈的战斗中，邬依庄不幸中弹，英勇牺牲，年仅19岁，成为一名光荣的战斗英雄。

## 第四章

## 历史丰碑

"砍头不要紧,只要主义真","敌人只能砍下我们的头颅,决不能动摇我们的信仰",这些视死如归、大义凛然的誓言生动表达了共产党人对远大理想的坚贞。

夏明翰，一个大义凛然、永远高昂不屈头颅的伟大先驱；夏明翰一家，一个追求真理、矢志献身革命事业的红色家庭。他们既是一座不朽的丰碑，又是一面高扬的旗帜。一门五英烈，"就像长空陨落的星辰，那刹那间释放出的耀眼的光辉，永远留在人间，留在人们的心里"！

毛泽东："还是叫夏赤云吧，以继承父志。"

夏明翰的女儿夏芸，原名赤云，1927年10月出生在湖南长沙。女儿降生，夏明翰特别高兴，再三斟酌后给她取名赤云。夫人郑家均问为什么取这个名，夏明翰解释说："反动派说我们是赤化分子，要把我们斩尽杀绝，我们偏要子子孙孙，一代接一代，永远赤化下去，让赤旗插遍全世界。"

毛泽东是夏明翰的入党介绍人，新中国成立后，他对夏明翰深切怀念，关心他的妻子和女儿。在谈到夏明翰女儿的名字时，毛泽东说："还是叫夏赤云吧，以继承父志。"

# 第四章 历史丰碑

1952年毛泽东为夏明翰家属签发的光荣纪念证

**胡锦涛：革命先烈在生与死的考验面前之所以能够威武不屈，就是因为他们对共产主义理想坚贞不渝、矢志不移。**

2005年1月14日，在中央和国家机关新时期保持共产党员先进性专题报告会上，时任中共中央总书记、国家主席胡锦涛高度赞扬了我党历史上三位杰出的共产党人——李大钊、方志敏和夏明翰。

谈到大义凛然的夏明翰烈士，胡锦涛总书记深情地赞颂道："夏明翰烈士临刑前，挥笔写就了成为千古绝唱的《就义诗》：'砍头不要紧，只要主义真。杀了夏明翰，还有后来人。'革命先烈在生与死的考验面前之所以能够威武不屈，就是因为他们对共产主义理想坚贞不渝、矢志不移。"

**习近平："砍头不要紧，只要主义真。"这些视死如归、大义凛然的誓言生动表达了共产党人对远大理想的坚贞。**

2016年7月1日，在庆祝中国共产党成立95周年大会上，习近平总书记指出："95年来，共产主义远大理想激励了一代又一代共产党人英勇奋斗，成千上万的烈士为了这个理想献出了宝贵生命。'砍头不要紧，只要主义真'，'敌人只能砍下我们的头颅，决不能动摇我们的信仰'，这些视死如归、大义凛然的誓言生动表达了共产党人对远大理想的坚贞。"

2020年9月18日，习近平总书记在湖南考察工作结束时发表讲话，说："共产党人随时面临生死考验，支撑他们视死如归、革命到底的是坚定理想信念。毛主席、贺老总、夏明翰烈士等满门英烈而初心不改。马日事变后湖南一片血雨腥风，革命者血流成河却没有被吓倒。夏明翰身陷牢狱坚贞不屈，在给妻子的家书中发出'坚持革命继吾志，誓将真理传人寰'的豪迈誓言。和平年代，生死考验少了，但考验也无处不在，只有铸牢理想信念之魂，才能经受得住各种考验。"

《牺牲》：明翰忠实勇敢，能耐劳苦，思想缜密而态度和易近人，言词激昂动听，善于深入浅出，故在群众中很有信仰。

早在夏明翰烈士罹难的当年，中国早期革命活动家，曾经担任湖南省、浙江省省委书记的夏曦，就曾写过一篇《夏明翰同志传略》。

1928年6月18日至7月11日，中共"六大"在莫斯科近郊兹维尼果罗德镇塞列布诺耶乡间别墅召开，中共"六大"代表们也住在这里。中央决定组织代表们为死难烈士撰写传记，以志永久性的纪念。就在那幢别墅里，夏曦于7月21日写了《夏明翰同志传略》。

1929年，中国共产党领导下的中国济难会全国总会，在上海编印了一本名为《牺牲》的刊物的第一集，介绍了160多位在大革命失败后死难的烈士的事迹。其中，在湖北省部分有一篇《夏明翰事略》，主要依据夏曦所著《夏明翰同志传略》，文中写道："明翰忠实勇敢，能耐劳苦，思想缜密而态度和易近人，言词激昂动听，善于深入浅出，故在群众中很有信仰。"

谢觉哉：明翰同志品质的优美，永远是党员的模范，也永远是人民的模范。

谢觉哉

新中国成立后最高人民法院第一任院长谢觉哉，1960年4月16日在夏明翰烈士的遗像旁抄录他的《就义诗》并写道："这是明翰同志就

红色家庭档案——夏明翰一家五烈士

砍头不要紧，只要主义真。
杀了夏明翰，还有后来人。

这是明翰同志就义时写的诗，观此遗像确如见其英风凛之迎
一九六〇年四月十六日 谢觉哉书

谢觉哉1960年4月16日在夏明翰相片上题写的《就义诗》

义时写的诗，睹此遗像，犹如见其英风凛凛也。"

谢觉哉曾在长沙与夏明翰一道从事革命活动，结下了深厚的友谊。解放后，谢老多次撰写回忆夏明翰革命生涯的文章，刊登在各类书报上。1953年1月12日，他撰写了《夏明翰同志传》，该文后来发表，是新中国成立后记述夏明翰生平最早的文章：

夏明翰同志的影像，在我的脑子里永远是鲜明的。

初看到明翰同志是在湖南自修大学——一个人俯着头坐在阶檐上，似乎有几个月没理发，像一堆乱草，掩蔽了头脸，我惊问："这是谁？"朋友告我："他叫夏明翰。"我疑他是粗豪难近，不久认识了，与所想相反：他是一个无疾言、无遽色，从不显示其有所能的人。

1927年秋，我和明翰同志还有其他同志潜住在长沙北门外的沈家大屋，时白色恐怖极猖獗，明翰同志化装农民，草鞋草帽，朝出晚归，在近郊作农民运动。我说："你什么都像农民，只深窝子眼镜不像。""有什么办法？不戴看不见！"——他淡然地回答。

1928年在汉口，明翰同志牺牲[①]的前2天——2月7日，他到了我的住所，告我："省委机关多被破获，许多同志不知下落，我每天在街上乱走，望碰着人……我住在东方旅馆×号，你有事，可到那里找我！"我问："东方旅馆稳便吗？"他答："有一茶房原是泰裕（省委设的旅馆已破坏）的，认识我。他说：'夏先生放心，住在这里不要紧。'"我说："危险，赶快搬！""是的，我正在计划搬！"他说。

明翰同志原是来问我熊瑾汀〔玎〕同志和徐特立同志的住址，2月8日我去瑾汀〔玎〕同志处等他，不见来，心知有变。9日又去等他，周西村同志来了，说："今早又杀了人，口号喊得很壮烈。"看报，牺牲者的第一名就是夏明翰同志。明翰同志就义时，

---

① 夏明翰牺牲的时间是1928年3月20日。此处记忆有误。

凶手问他有无遗言,明翰同志拔〔援〕笔写了四句话:

　　砍头不要紧,只要主义真;

　　杀了夏明翰,还有后来人。

明翰同志1900年生于衡阳的一个士绅家庭,祖父是进士,家中男女都读书能诗,明翰同志尤聪颖,为祖父、父母所钟爱。五四运动时他是衡阳第三师范学生,是衡阳学生联合会的领导者。1919年衡阳检查日货运动达到最高潮,牟利商人恨学生入骨,说通明翰同志的祖父,把明翰同志禁闭在家。自然,这不会使学生运动停止,只有更掀起衡阳学生的愤怒。不过,明翰同志直到1920年湖南"驱张"运动成功,才找到机会逃出,随"驱张"代表团到长沙,从此家庭断绝了他的经济联系,因他不能接受他的祖父——做安分守己的好学生——的条件。从这时起,明翰同志就开始了他革命职业生活,年龄刚刚20岁。

明翰同志到长沙,即在毛泽东同志领导下从事学生爱国运动。1921年自修大学成立,明翰同志在自修大学学习马列主义,使他的革命工作实践,得到理论的武装,这于他后来的工作能力的加强,革命信心的坚定是有关系的。

因为明翰同志作风正派,性情和善,勇于负责,勇于斗争,原则性强,很快就把许多优秀的青年群众团结在他的周围;他经常担任着指导青年参加政治活动的任务。经过几次斗争之后,能力更有进步,又渐渐参加工运工作,后来什么地方需要人,他就到什么地方去。那时湖南的党员少,工作多,工作来了,谁适合就调谁去。1920年到1924年间,明翰同志参加过各项工作,都做得很好。党办的湘江中学没有教员,调他去教数学,他没有教过数学,但为了对学生负责也即是对党负责,他用心钻研,创造新教法,大受学生欢迎,成为很好的算术、代数的教学者。

1925年以后,党扩大了,党务繁忙了,明翰同志就比较多的做党务工作,担任省组织部秘书。马日事变前任毛主席主持的武汉农运讲习所秘书；马日事变后返湘，被选为省委委员兼组织部长，旋调汉口任湖北省委委员，直到他的被害。

明翰同志品质的优美，永远是党员的模范，也永远是人民的模范。

明翰同志有异母兄弟姊妹10余人，年［纪］比他小的，受他的影响多成了党团员。马日事变后，五弟明震在耒阳被杀，七弟明霹、妹明衡亦相继被害，还有一妹妹名×虽非党员，亦因搜捕被迫自杀。1930年红军攻入长沙，明翰同志的大姐的儿子邬依庄随红军撤退，现无消息，大概已牺牲了。他大姐的女儿邬绮榴抗战时去延安参加革命，现在东北工作。

明翰同志的女儿夏芸，有父风，现在农业大学读书。

1953年1月12日

（根据谢觉哉手稿原件整理）[1]

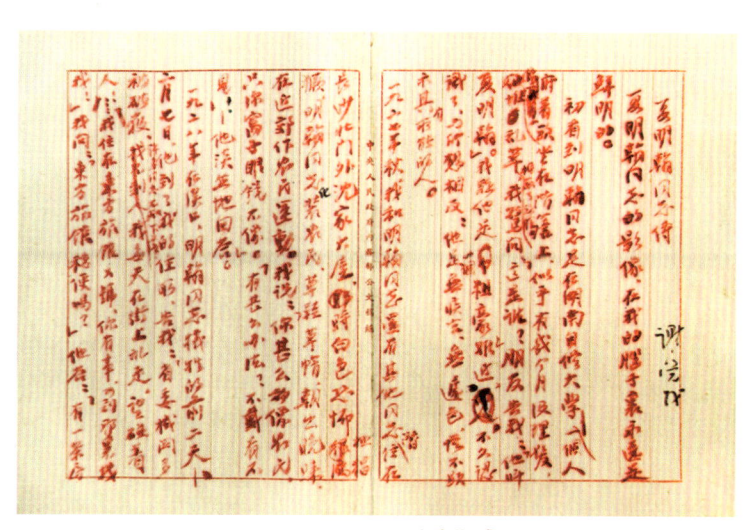

谢觉哉《夏明翰同志传》手稿原件

---

[1] 谢觉哉：《夏明翰同志传》，载《谢觉哉文集》，人民出版社，1989，第826—828页。

1950年郑家均与女儿夏芸在长沙

**李维汉：夏明翰是个好人，不容易发脾气，和蔼可亲。**

李维汉

原中共中央顾问委员会副主任李维汉曾与夏明翰共事。1978年，在接受衡阳市湘南学联工作人员访问时，他深情回忆起他们当年从事革命的情景：

夏明翰在自修大学补习学校教书，这个学校后被赵恒惕封闭了，省委就办了湘江中学，夏明翰又在湘江中学教书。

一九二四年，夏明翰进入省委，我记得开始他是农委书记，还兼教课，后来为常委，做工作很多。湘江中学在识字岭，我和他住在一个房子里，以学校作掩护。房东是个姓刘的烈士。学校开始设在教育会。犁头街，房子窄，租金不贵，通过易礼容设法，就搬到识字岭，我和夏明翰同志一起住了半年之久，姜荣周为事务主任，还有曹典琦，吃饭时一桌人。当时没有工资，靠教书维持生活。

夏明翰结婚是很困难的。当时在湖南民报，何叔衡是社长，谢觉哉是主笔，龚饮冰是记者，郑家均有个哥哥或弟弟在民报工作，叫郑伯翔，家庭是个小地主，在长沙县郑家町。通过他们的关系，介绍郑家均和夏明翰认识了。结婚时，我参加了祝贺。夏明翰是个好人，不容易发脾气，和蔼可亲。

一九二七年冬，郭亮是湖北省委书记，夏明翰也调去湖北，任省委委员。当时有盲动主义，布置两湖搞年关暴动。中央看到广东暴动失败之后，派我到湖北去取消盲目的暴动计划，不要搞了。我到了汉口，夏明翰在省委工作。汉口租不到房子，只有郭亮租了一间房子，我住法租界，夏住在一个商号，是利用龚饮冰的关系介绍去住的，是保险的。除夕晚上，我们在一起一边吃白兰地，一边交谈，通宵未睡。我把取消暴动的事办完之后，准备回上海，突然茶房告诉我："卫戍司令部有人找你。"我想一定有危险，但钱在保管房未取出，不便马上离开这里，便推脱说："太晚了，明天打电话吧！"

记得春节里，我和郭亮、夏明翰、熊季光在房间里以打麻将为掩护，有意数很多水子钱给在房里的茶房。我装作做生意人的大商人，头戴瓜皮帽子，身穿缎子马褂，绸子长袍，一手拿个算盘，一手捧个水烟壶，茶房走了，我和衣睡了一下，第二天清早起来，对茶房说："看铁路通不通，通，我就派人来取行李，你见我的字条就发行李。"实际上，我离开租借〔界〕就到了夏明翰住的商号，不见夏明翰，于是就买了船票往上海走了。过了几天，夏明翰也没有住在商号了。以后再派人到商号去取我的行李，茶房对来人说："你还要行李，你知道他（指明翰）是什么人？！"

又过了一些日子，我才在上海的报纸上看到：夏明翰由于叛徒的告密牺牲了！[①]

---

[①] 湘南学联纪念馆编印《回忆夏明翰》，2022，第28—30页。

周谷城：（夏明翰）面团团，笑盈盈。没有半点习气，平易近人。

周谷城

原全国人大常委会副委员长周谷城，1927年曾在武昌农讲所工作，担任全国农民协会干事，夏明翰任全国农民协会秘书长。后来周谷城多次回忆他与夏明翰的交往。他说：

> 一九二七年春，毛主席要我到邓演达组织的战区农民运动委员会工作。当时我身体弱，痔疾很重，婉言谢绝了。毛主席见我既不去战区农委，就叫我到他自己主持的全国农民协会工作。我在全国农民协会做宣传工作，与夏明翰很谈得来。夏当时是会里的秘书长，在毛主席领导之下，负一切实际责任。夏年纪比我小，又是湖南人，总是把我当同乡前辈看待，我们谈起农民运动的道理来，津津有味。

1978年，在夏明翰就义50周年之际，周谷城特地写了一篇《怀念夏明翰同志》，深切怀念昔日的战友：

> 大约是一九二七年春天，我在汉口时，毛主席找我到他自己亲自领导的全国农民协会去工作。几天之后，即在协会见到夏明

翰同志。虽是初见，却一见如故。他未戴帽子，着一件灰色旧绸长衫。面团团，笑盈盈。没有半点习气，平易近人。我们相处得很好，常常相与谈论文字工作。又一次为着纪念一个节日，我替全国农协写了一篇短简的宣言，在报上发表了，排在总工会的宣言之后。他看见了，笑着对我说，我们全国农协这篇宣言，虽很短简，却很有力。又有一次，他在报上看到有我写的《中国农村社会之新观察》一文，对我说，您老的文章很好，如果用纯粹白话写，影响还要大些。我们也常常谈到革命问题。有一次他曾建议，要我同鲍罗廷去谈一谈。我说很好，将来当找一个机会去同他谈一谈。谁知他的建议还未实现，因蒋介石背叛革命，他竟遭到迫害，而与世长辞了！当时我已离开了汉口，在报上见到这个消息，非常悲痛！不过故人虽已逝世，他的精神是永垂不朽的！

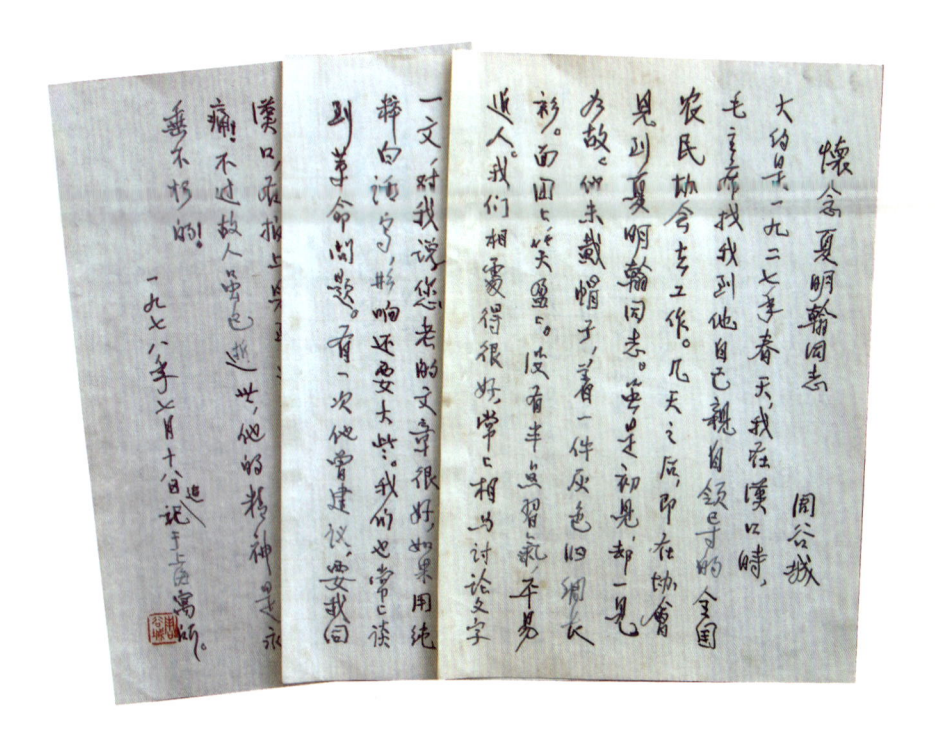

萧三：那么多烈士的诗，他那四句诗最好，是真心话，是用生命、鲜血写出来的。

萧三

现代著名诗人萧三，曾经和毛泽东、蔡和森一起创建新民学会，大革命时期与夏明翰有过较长时间的接触，建立了深厚的革命友情。出于对夏明翰的特别怀念，1978年6月12日晚，83岁的萧三老人在北京东单麻线胡同住所，接受了衡阳市党史办的访谈。老人回忆起夏明翰烈士，情感澎湃，滔滔不绝：

1924年到1925年，我和夏明翰在一起。他在湘区党委，我做团委工作，党、团工作人员都是青年学生。在湘江中学教书，我们也在一块。他在学生中做工作很热心，很热情。他数学没学过，但为了教数学，自己用功先学好，拼命的学，日夜学，不睡觉，学好了再教学生，教别人很认真，教得信任愉快，毫无不好的感觉。平常讲话很痛快，对每个问题有主见，不转弯抹角，坦率说出来，毫无虚伪、狡猾的作风，不要花头，一心为党，忠实为人民做事，一看就看得出来。

马日事变后，有叛徒。他党性很纯洁，没有一点花枪，扎扎实实。夏明翰的特色也是湖南人的特色：扎实、刻苦。

他和同志关系很好，很诚实，不说假话。王明自称是百分之百的布尔什维克，夏明翰确实是百分之百的好人，一点不偷懒，拼命地干革命，一见如故，这个"故"是共产党人之"故"，是我们党的优良作风，不令人发生半点怀疑。

我对他的怀念是很深很深的。田波扬（当时团省委书记）牺牲了，我也难过，但比起来，夏明翰的牺牲，我更难过。我对他的印象特别深，除了同志的感情，还有朋友的感情。每次开会，他有话就说，讲得明明白白，有时很激烈。

在困难时，他没想到要逃避。有些人就贪生怕死，只顾自己逃命，或者是不正派，穿得漂漂亮亮，丧失气节，或者是屈膝投降，卖身求荣。他始终如一，忠贞不二〔贰〕。"砍头不要紧，只要主义真。杀了夏明翰，还有后来人。"那四句诗，可以说是一字千金，诗如其人！就是那么激烈、慷慨！要说他的性格、脾气，四句诗完全可以代表。那么多烈士的诗，他那四句诗最好，是真心话，是用生命、鲜血写出来的，不是喊口号，说大话，说空话，他是那么写的，就是那么做的，为了共产主义，砍了他的头，他也面不改色，心不跳，还是充满激情，充满信心，自有后来人，共产主义一定要实现。他的诗没有做作，他的为人也没有做作，很难得就是这个！这就是我对他的估价。

我今年八十四岁，时间不多了，烈士诗抄想修改一下，还想写一两本书。不吃安眠药不能睡，为了第二天工作，就吃安眠药。早晨，我也坚持锻炼，活动、散步，活一天就要锻炼一天，工作一天。

宋任穷：烈士的一生是短暂的，然而他们的离世，就像长空陨落的星辰，那刹那间放出的耀眼的光辉，永远留在人间，留在人们的心里。

宋任穷

原中共中央顾问委员会副主任宋任穷在浏阳金江高级小学读书学习时，夏明翰与陈昌等共产党人担任学校的教员，宣传革命思想。宋任穷与潘心源、张启龙等人，就是在夏明翰、陈昌的引领下，走上了革命道路。1987年10月15日，宋任穷在《人民日报》发表长篇署名文章《纪念陈昌、夏明翰老师》，文中动情地写道：

> 回首往事，常常想起伟大的共产主义战士陈昌、夏明翰两位烈士。……就是在这所学校里（即金江高级小学），受到了陈昌、夏明翰等老师的革命启蒙教育。60多年过去了，我始终怀念这两位对我走上革命道路产生过重要影响的革命先驱，他们的风华笑貌，至今依旧萦绕心际，光彩照人。……烈士的一生是短暂的，然而他们的离世，就像长空陨落的星辰，那刹那间放出的耀眼的光辉，永远留在人间，留在人们的心里。

红色家庭档案——夏明翰一家五烈士

人民日报　1987年10月15日　文件·报告·回忆录

# 纪念陈昌、夏明翰老师

宋任穷

回首往事，常常想起伟大的共产主义战士陈昌、夏明翰两位烈士。

记得是1922年，当时我13岁，因为家境贫寒，依靠过继胞兄的资助，步入了湖南浏阳西乡金江高级小学。就是在这所学校里，受到了陈昌、夏明翰等老师的革命启蒙教育。60多年过去了，我始终怀念着这两位对我走上革命道路产生过重要影响的革命先驱。他们的风华英烈，至今依旧萦绕心际，光彩照人。

陈昌，又名陈章，浏阳人，早年就读于湖南第一师范，与毛泽东同学。后加入湖南新民学会，成为骨干成员。陈昌和毛泽东交往甚密。在一起好是朝夕相处，分别时则常有书信来往。1919年新民学会组织进步青年赴法勤工俭学时，陈昌亦有出国志愿，毛泽东、蔡和森等考虑国内的需要，希望他留在湖南，以学校为阵地，为革命培养人才。1921年，陈昌应蔡来到金江高小任调学主任，辅助进步人士黄亚军校长抬校。

夏明翰1920年结识毛泽东，参加了毛泽东等创立的俄罗斯研究会，启成为毛泽东等创办的湖南自修大学的第一批学员。经陈昌建议，从自修大学抽调一部分人到金江高小任教，夏明翰于1921年也来到金江高小。

陈昌、夏明翰老师知识渊博，口才雄辩。上课时，结合课文向学生历数帝国主义列强及政治、经济、文化各方面侵略我国，敕劳和压迫我国人民的种种罪行，从中日甲午战争、中俄爱珲条约，八国联军侵略我国、日本强迫签订21条，用电观政治如便民族的观念…一直讲到平等新政策、祖国日益穷困，一直讲到平等新政策，孩子们永生难以忘怀的一段历史。讲入小时工作时，讲工人阶级是的先进，讲工人阶级最具时代意义。老师讲完，教室里鸦雀无声。道理讲得透彻，情绪色彩是生动的，思想感染力、他们的出色讲解，激发了学生们的觉悟和热情。燃起了革命的火花。我们开始懂得了中国要摆脱贫困，不受侵略者的欺负，独立富强起来，必须唤起民众，团结起来，打倒帝国主义列强，打倒军阀，打倒食官污吏。我们还曾到附近的普迹镇游行示威，高呼反帝的口号。

陈昌、夏明翰老师厌恶旧教育之种种弊端，大胆进行改革。陈昌曾在学生中发表试行体育改革的演说，受到热烈欢迎。在陈昌等老师的倡议下，学校在师生极必之处挂了一块写着《劳工神圣》4个大字的匾额，并将10多亩校田改为农场，组织师生劳动，带领师生改造学校的环境，将浏阳的一块荒凉的开辟成环形跑道。陈昌倡导了一首意味深远的歌曲，大家就记得，歌词是："悠我们的马蹄，袭鸣我们的四蹄，怡什么热和暑，雨和风。会后我们的鸣沙、犁子、饮食做工、种什么高粱稻子、土豆石子、风雨同舟的什么，大家起来，做一个真正的劳工。"众革所及，以至衣食，学校提倡不看长袍马褂、政营衣料短袄。

陈昌、夏明翰等老师讲课用心启发式，循循善诱、深入浅出，很受学生欢迎。作文常在老师的启发下由学生自己造题，老师把学生比较好的作文张贴出来。作为学生自我教育形互相启发的一种形式。我的一篇作文是写打倒省长赵恒惕的，文中控诉了赵省长的罪恶，发出了打倒赵恒惕的呼声。老师对这篇作文表示赞赏，便也贴出来。

陈昌活跃开朗，夏明翰深沉慈祥，性格迥异，但对学生都怀有亲密的感情、殷切的期望，并经常深入到学生中间，讲学问、谈想思、聊家常，同大家打成一片。他们积极组织学生参加文娱体育活动、组织赛联、教双簧、小熟术等，还亲身给与参加，反对主张念的文明戏，寓革命宣传于娱乐之中。

陈昌、夏明翰曾进行教仅28岁的另一个重要路途，是他的金江高等女子职业学校。在封建势力控制下的浏阳，浏阳各校师不收妇女，村女们没有上学受教育的机会，实际上也就剥夺了女子参加社会活动的权利。在陈昌、夏明翰教导下，金江高小决定创办一所高等女子职业学校。毛泽东鼎力支持这所学校。特聘夏明翰的姐姐、在重庆大学任教的周咸生任女校校长，陈女史歌咏等，其他教员亦由金江高小教师兼任。此举遇到的阻力、困难是可想而知的。革命力量种种堵，冲破顽劣顽障，终于使这所学校于1922年秋宣告开学。这是湖南妇女运动史和教育史上的一件大事。在金江高小的倡导下，浏阳大部分学校均开始招收女生，使不少妇女有机会通过学习走上社会，参加各项社会活动。

陈昌、夏明翰老师是有具有民主思想的教育理论者，但他们的教育主张和实践，表明他们是我国教育改革的先导者。他们的改革措施，不仅在当时具有巨大的进步作用，至今仍值得我们认真思考，并从中受到启迪。

金江高小的教员中，陈除陈昌、夏明翰外，还有邓作为、薄介泉、邓裕仁、傅昌钰等，他们都是为搞革命思想和进行教育改革的最先锋大量工作，该校是浏阳西乡3个区唯一的高级小学，也是浏阳进步知识分子最集中的地方，被誉为革命的摇篮。陈昌、夏明翰等老师热情昂，诲人不倦，而且身体力行，在他们的教育和影响下，学生受到进步思想的熏陶，不少人思想倾向革命，向往革命。在大革命时期，有一批毕业于金江高小的学生参加了共产主义青年团和共产党。陈昌的两个弟弟陈安伏和陈安怀就是我在金江高小的同学，后来都加入了共产党，为我们伟丽的事业献出了生命。一个是在马日事变后被国民党反动派杀害，一个是广东讨伐陈炯明的战斗中牺牲。另一位同学宋余俭，后考入广东国民革命军校为入任生，亦在革命战争中牺牲。我的入团介绍人就是华也是金江高小的学生。

金江高小的革命倾向和广泛影响，使浏阳反动当局十分惊恐，1924年威逼黄亚民校长辞职，迫使陈昌、夏明翰等离校，要派忠思想的邱培均任校长，学校的进步力量受到很大的打击。陈昌等为抗议反动派摧残当时湖西大部上的生机勃勃的学校，临时光草草白色恐怖的增覆了。进步师生纷纷提出抗议，当局仍顽固坚持他的反动行径。

1926年，我在金江高小毕业，因无力升学，找工作一时又没无着。青年年时间在家里同住1926年，到当地一所小学任教。其间，感觉华同志介绍我加入了共产主义青年团，我便一边教书、一边从事农民运动。当被选为区农民协会委员长以后，我才知道陈昌、夏明翰两位老师都是我支援建立初期的党员。便避开教育职业，"们从事农民运动"，我于1928年和1930年参加国民党反动派害者，为革命献出了年轻的生命，陈昌46岁，夏明翰28岁。夏明翰在刑场上就义时《歌颂不屈》，只要主义真，亲了夏明翰，还有后来人们的人们在誓。陈昌被捕后表现出分英勇。在法庭上坚贞不屈，严斥反动派，表现了共产党人的气节，就义时写下《与党为善》的诗，痛骂反动派，鼓舞战士。他们不朽的英雄业绩，为共产主义伟大目标类奉献者的崇高思想境界。

1950年七届三中全会期间，有一次我在毛主席处谈起陈昌、夏明翰，说他们是我在金江高小的老师。毛主席对陈昌、夏的评价很高。特别称赞陈昌是一位杰出的宣传鼓动家。毛主席曾收到过陈昌女儿陈昌，并曾亲笔回信。妈妈她们过进步并照顾好母亲，还汇去300元以作生活补助。可见，毛主席对陈昌烈士的革命情谊是何等深切的。

回忆起两位烈士的生平，心情激动不已。20年代初的往事，至今犹历历在目。烈士的一生是短暂的，然而他们的离世，就像长空隐落的星辰，那耀眼的的璀璨的光辉，永远留在人间，留在人们的心里。

1987年9月

刘英：（夏明翰）古书读得多，精明能干，很有思想，文笔很好。从他那样的封建家庭走出来，生活那样艰苦，不容易，同志们很尊敬他。

刘英

中共中央纪律检查委员会原委员、张闻天的夫人刘英，与夏明翰的夫人郑家均是好姊妹，马日事变前后，在长沙与夏明翰有过不少交往。夏明翰给她留下了很好很深刻的印象。1978年6月10日，刘英在北京接受采访，深情回忆了与夏明翰夫妇的革命往事：

我原名叫郑杰，和夏明翰的爱人郑家均是同房姊妹。

郑家均和我一起在衡粹女子学校绣花班学习过。

1926年，我在全省总工会当秘书干事，管工会党的工作，经常可以碰到省委。李维汉是书记，夏明翰是省委委员，接头在营盘街七号。

马日事变后，李维汉去武汉，郭亮也去了武汉，在长沙不能呆，国民党公开要抓。……夏明翰留在湖南，管农民运动，穿农民衣服，转入地下活动。

我那时还是学生打扮。夏明翰对人很关心，很仔细，他看到我的装束，说："你做工人运动，穿这套衣服不好，要穿工人衣服，不要被敌人发现。你没注意这个！"我赶快换了工人粗布衣服。别人没管我，他就很细心。

……………

1927年7月间，我在营盘街二号看到他，他要我化装："做农民工作要像农民，做工人工作要像工人。你要到工人中去，和工人一样的打扮。"组织上决定要他到武汉。

在省委工作时，他和郑家均住在张以森那里，省委何资深要我送一个文件给夏明翰，用茶叶盒装好送去。一送到他家里，郑家均留我吃茶，曹云芳也在里边，拿盐姜给我吃。

我指着送去的茶盒说："这里有东西。"

他说："好！"

文件是药水写的（米汤、碘酒）。夏明翰即刻洗出阅［看］。郑家均招呼我，我到对面的一间房子去看，是张以森住的房间，我的同学曹云芳是张的姊妹妹。

夏明翰一个人在外工作，没人管他，生活很艰苦，洗衣、做饭都自己干。

人家介绍郑家均给他，郑家均很喜欢。

结婚时，我去看他们。李维汉跟他们开玩笑说："唯有家均无上好。"

郑家均性情温柔、体贴，会应付人，夏非常满意，郑帮他收文件。

夏明翰一天只管工作，不管家务。古书读得多，精明能干，很有思想，文笔很好。从他那样的封建家庭走出来，生活那样艰苦，不容易，同志们很尊敬他。

夏明翰和罗亦农、王一飞改调湖南省委，增加了滕代远、我（后补）。何资深管组织，凌蔚是秘书长（后在醴陵牺牲了）。这次改组是1927年九、十月间。这次改组以后，老省委夏明翰和薛四〔世〕轮、曹典琦、王泽民、凌蔚、何资深大部分都走了。王一飞任书记。

……………

易礼容：夏明翰很好，是个人才，是很可以做工作的。

易礼容

全国政协原常委易礼容是毛泽东、夏明翰的挚友，他曾向毛泽东力荐夏明翰。1978年6月9日，在北京市石碑胡同27号，易礼容同志接受衡阳市湘南学联纪念馆工作人员采访，追忆了夏明翰烈士的生平和事迹：

> 夏明翰是我非常要好的朋友、同志，是我把他引到长沙来的。驱张运动到1919年是大干特干，我同林建源（林伯渠的侄儿）到衡阳，想要吴佩孚打张。吴与张的关系很不好，一个是皖系，一个是直系，吴同张是袁世凯的第三代。袁在小站（北京附近）练兵（练洋枪），起初只几千人，下面两个大将，一个是冯国璋，一个是段祺瑞，平行的两个骨干，冯变成直系的头目，段变成皖系的头目，冯下面有曹锟，曹下面有吴佩孚，段下面是张敬尧等，两派打得很激烈。张吴争权夺利。段在中央权力大，皖系在湖南起作用。
>
> 学生联合会派代表去湖南是秘密去，向吴佩孚请愿驱张。我们赞成吴，不拥张。
>
> …………

我们找学生联合会，骨干有七八人，他们欢迎我们。夏明翰是其中的一个，穿马纹罗（一根白纱，一根黑纱织的）衣裤，布鞋，穿得很紧，是一个穷学生的样子。他祖父是个进士，小学上学是坐轿，读书在私塾。

我同他说得来，很有点友谊。

我回到长沙着力向毛主席说："湘南有个我们志同道合的人，叫夏明翰，很好，是个人才，是很可以做工作的。"

毛主席就要他来到长沙。夏也不愿在衡阳。不是随驱张代表团到长沙的，是毛主席要他来的。

毛主席要他来是成立了党了，他到自修大学当学员，所谓学员，就是船山补习学校职员，后成立了湘江中学，校长是我，夏明翰教数学，是一个重要人物。

大概是1926年初，他做过省委农运方面的负责人、农委书记。第三国际派了一个指导中国农民运动的人，有一次谈话，就是夏明翰和我与他三人在一起，谈了二天，在省农协楼上。那个人是苏联人，不晓得中文，翻译就是我。

我们心中有数，相信毛主席有一套。湖南没有反毛主席的。只有陈独秀反毛。湖南编的刊物《战士》登载了《湖南农民运动考察报告》。

王一飞作湖南省委书记。毛主席在秋收暴动下乡之前，和我谈了话，我住在识字岭（湘江中学）。

1927年冬天，很大的雨，夏明翰跑来找我。他原躲在乡下岳母家，他已接到中央命令（李维汉在上海中央负责），要他到武汉去工作。他一方面是告诉我调动了，另一方面没有钱，要我筹备30块光洋给他。第二天他就带着钱走了。不久，就见到报道：他牺牲了。

我在马日事变后回到湖南，一是恢复组织，一是建立地下机关，沈家大屋是我建立的机关之一，望麓园也是地下机关。

马日事变后到秋收暴动之前是毛主席的临时省委书记。

湖南第一次农民代表大会的文件，是夏明翰和我一起搞的。文件、决议精神都是按照《湖南农民运动考察报告》的。

代表会开了几天。毛主席来了，根据代表的发言，我们经手弄了一个备忘录，送给毛主席，供他讲话、指示、解答问题。

毛主席在党员中演说，或者是小组长以上的代表，只二百多人。我主持会议，毛主席说了十五分钟。指示很具体，农民代表都很满意。土地问题、减租减息问题都谈了。

开会地点是在一个教室里，一个很粗糙的讲台。

毛主席是1924年回湖南，住在九〔韭〕菜园，1924年冬天到板仓，1925年夏天到长沙，穿对襟衣、青装、农民裤，提一个布包，夹一顶草帽。在长沙打了一夜谷〔骨〕牌，第二天早上坐船到湘潭，由湘潭走路到衡阳，至郴州，坐火车到广州。

夏明翰作风正直，很会说理，坚持原则。[1]

---

[1] 湘南学联纪念馆编印《回忆夏明翰》，2022，第21—23页。

曾三："梭镖主义就是好！"许多人都同意夏明翰的主张，从此"梭镖主义"就传开了。

曾三

新中国首任国家档案局局长、原中共中央顾问委员会委员曾三曾接受采访回忆夏明翰的事迹：

马日事变前两个月，在省委开会讨论农民协会怎么搞。夏明翰在会上发言，主张农民要武装，坚决要武装。

当时任省委宣传部部长的薛世轮说："你用什么去武装呢？"

夏明翰说："用梭镖武装起来呀！"

薛世轮哈哈大笑，讽刺夏明翰说："你这是梭镖主义！"

"梭镖主义就是好！"夏明翰回击了薛世轮，不管是梭镖、大刀、长矛，都可以，强调农民要有武装。主持会议的是李维汉，我是秘书作记录，许多人都同意夏明翰的主张，从此"梭镖主义"就传开了。

马日事变那天晚上，薛世轮听到枪声就赶忙躲在床底下。

我说："你怎么这样怕？我比你年轻些都不怕！"

后来，薛世轮成了叛徒。

# 第四章 历史丰碑

采访曾三的记录

红色家庭档案——夏明翰一家五烈士

**毛泽东、杨开慧的保姆陈玉英撰文回忆夏明翰。**

曾经担任毛泽东、杨开慧保姆的陈玉英老人,追忆毛泽东、杨开慧在武昌农民运动讲习所工作和生活的情况,被整理成文后发表。文中谈到了夏明翰等人的革命活动及新中国成立后毛泽东对他们的怀念:

在武昌讲习所跟毛主席在一起工作的还有蔡和森、彭湃、夏明翰、罗哲、贺协南、王寿贞、徐冰等十多个同志,大家都是白天在农讲所里工作,只回家吃三餐饭。晚上,他们时常在这里(都府堤41号)开会。毛泽民、毛泽覃同志也常来这里,有时住几天就走了。一栋房子住着十多个革命同志,大家有说有笑,有商有量,相处得象家人一样。

…………

毛主席先后两次接我到伟大首都北京,四次在中南海接见了我。第一次是在一九五七年六月的一天中午,毛主席在中南海接见了我。……毛主席伸手指着要我坐在沙发上,亲切地谈了两个多小时的话。几十年前的事情,毛主席还记得清清楚楚。……毛主席还谈到蔡和森、夏明翰、彭湃等革命同志在农讲所的情况和他们牺牲的事情。讲到这些时,毛主席停了一会,低着头,流了泪。毛主席说:"革命胜利是来得不易的,我家就牺牲了六个。"……这些都充分表达了伟大领袖毛主席对开慧同志的深切怀念,对革命先烈的深切哀思,也是对一切革命同志的深切关怀和鼓励。[①]

---

[①] 陈玉英口述,赵仕启、杨公页整理:《难忘的岁月 幸福的会见——怀念在毛主席和杨开慧同志身边生活的日子》,《湖南师院学报》1977年第1期。

**李达题写夏明翰《就义诗》。**

李达（1890—1966），湖南零陵（今永州）人。中国哲学家，马克思主义传播的先驱者。曾任中共一大代表，湖南大学校长，武汉大学校长。他在20世纪50年代题写夏明翰《就义诗》，并附言："明翰同志是我在一九二二年担任湖南自修大学学长时的同学，为人沉静寡言，但对革命工作勇往直前，义无反顾，不幸为反动派所害。不成功便成仁，烈士有之。"

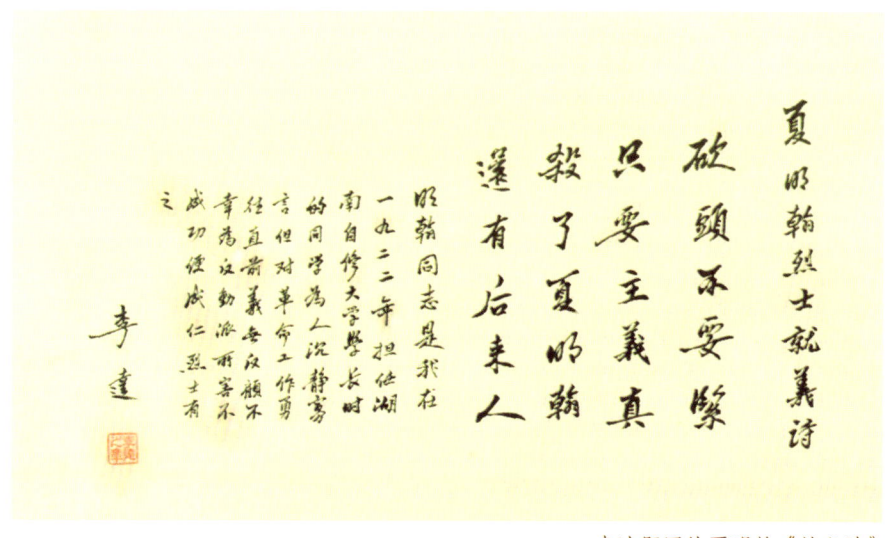

李达题写的夏明翰《就义诗》

郭沫若题写夏明翰《就义诗》。

郭沫若（1892—1978），中国现代文学家、历史学家。曾任中国科学院院长、全国人大常委会副委员长。1964年秋天，他题写了夏明翰的《就义诗》。

郭沫若题写的《就义诗》

江华为夏明翰题词：精神不死。

曾任最高人民法院院长、中顾委常委的江华，当年也是湘南学联骨干成员。1990年，为纪念夏明翰同志诞生90周年，他挥笔书写"精神不死"4个大字，表达对先烈的深切怀念与敬重之情。

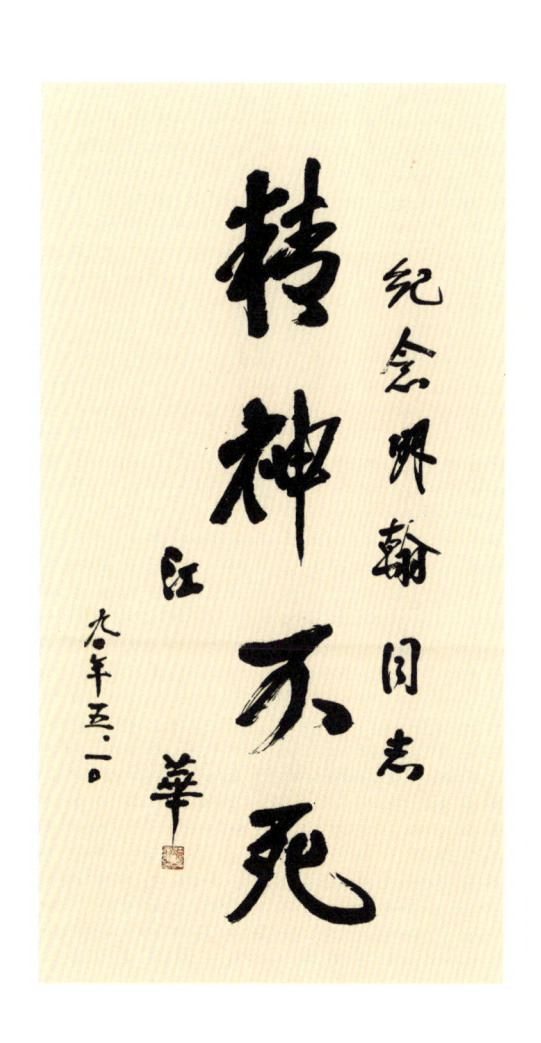

**郑家均：深情怀念丈夫夏明翰。**

夏明翰的夫人、革命老人郑家均（1905—1975，曾用名郑益健）曾多次撰文或接受有关人员采访，深情追忆夏明翰。下面是1967年4月她在一次座谈会上的发言：

> 我先谈谈毛主席，可惜我当时是非党同志，对主席的革命活动不很了解，只能谈谈生活。
>
> 毛主席穿长衫，吃饭没什么菜。毛主席很喜欢看书，我住在都府堤时，看见毛主席手里总是拿着书本。
>
> 马日事变前几天，夏明翰就到河南去了，邓演达是政治部主任，夏是政治部的宣传部长，夏原来穿长衫，这时临时买了一套军装。夏走后，毛主席带来夫妻两个，都是四川人，说是接替明翰工作的，他们就住在我们原住的房里，我就住到客房里，他们的姓名我已忘记。
>
> 在都府堤住时，我记得毛主席和夏明翰在一起感叹，毛主席说：老头子（我想指的是陈独秀）不行，放弃了武装斗争的重要性。
>
> ……………
>
> 马日事变后不几天（二十七八号），我就回湖南了，住娘家。在回湖南时，有不少人同行。我记得有田波扬夫妻，到长沙后，田邀我到他家里去住，我不肯，我就去住在望麓园，第二天就听说田波扬被捕，夫妻俩一起被杀。牺牲时，女的直喊妈妈，因她当时年纪很小。幸亏我没有和他一起去，听说他们牺牲，我心里难受了很久。
>
> 我回娘家时，谢觉哉同志比我先回到我的娘家。马日事变前，龚饮冰是《民报》主笔，又是省府秘书长，谢觉哉是《民报》写社论的。马日事变后，谢逃到我家，冒充我的大舅。前年，谢老在长沙见到我，说："你还记得我大舅吧？"李维汉也来住过一天，不久夏明翰也回来了。夏就带我到长沙，住营磐〔盘〕街三十三

第四章 历史丰碑

郑家均晚年与外孙张朴合影

号。住三十三号时，夏的职务我不清楚。夏是省委负责人，还有彭公达、李子意〔骥〕，他们几个碰头时，也说老头子放弃了武装斗争，我们有人没枪。

有天，夏印过片子，"中国共产党代表夏明翰"。我很奇怪，说："这时印这干啥？"夏叫我不管。有天，中午一点多，夏才回来吃饭，说是碰见周南的车子，差点遇险。他说拿着名片去见周南三次。一次见了，二次未见，后来周南翻脸了。这次碰见周南的车子，差点被周南认出来，好险。他说去见周南是为了争取他，未成，我直埋怨他太冒险。

毛主席当时住在沈家大屋，罗哲、曹云芳也住那里。我们后来也搬到沈家大屋去住，我到沈家大屋时，毛主席坐在堂屋里，面对大门看见我去了，笑说："哈哈，你也来了。"那天我打扮的怪模怪样，因为要使敌人不注意，可能主席看了好笑。

毛主席住沈家大屋时，有很多人来，有的打扮成大商人，大概他正准备秋收起义。有次夏明翰回家生了虱子，我问他怎么搞的，他说在农村跑一天跑一百八十里，衣服湿了再干，干了又湿，所以生虱子。在这以前，夏曾买了个假红宝石送我，说：希望你的心和红宝石一样红。我明了他的意思，我虽不是党员，但住机关，所以他怕我不坚决，破坏革命。我向他表了态，这红宝石我一直保存到解放后，后来交给了湖南省博物馆。

后来，我又搬到了落星田十号，这时夏就不能出门了，因他戴眼镜，化装工人、农民都不象，只能晚上出去，他常去俄国领事馆拿经费，在领事馆的翻译刘少文，汉〔河〕南人，现在是解放军将军（我记得不久前，那个地方夺权的，报上有他讲话）。夏出去，常一晚上不回来，我也一夜不能睡觉。这时报上登出一些机关被破坏的消息。

夏明翰笔名陈日月〔羽〕。

夏明翰出身封建官僚地主家庭，有个同学叫张秋人（已牺牲），送进步书籍给他看。

夏明翰五四运动时期，利用吴佩孚和张敬尧的矛盾，带着学生闹学潮，要驱逐张敬尧，他们到吴佩孚处请愿，吴佩孚不理，说只要他们读书，不准闹事。大家非常生气，夏明翰气愤得在桌上碰了一个包。接着他们又抵制日货。夏的祖父是清朝道台，很封建，连孙中山都反对。因抵制日货，商人就到夏的祖父处告状。夏带着同学去找商人，商人藏在柜里，老婆说不在家，夏发现鸦片烟枪还是滚烫的，再看见衣柜盖子乱动，猜着商人躲在衣柜子，就把商人抓出来。商人又告状到他祖父处，祖父就不准夏上学了，把他关在书房里，要他背"四书"。后来夏离开家庭，上自修大学，生活靠投稿，后来又到湘江中学教数学，又办文化书社。

我们是民国十五年结婚的，订婚是民国十三年，结婚时祖父已死好几年。他从家庭出后，一直未和家庭联系，我们结婚不是他家订的，是在外面结婚的，结婚后，他母亲来看了一下。[①]

---

① 湘南学联纪念馆编印《追忆夏明翰》，2022，第42—45页。

**周竹安：英雄长使成追忆，留得千秋一壮吟。**

根据夏明翰烈士夫人郑家均提供的资料，有个人叫周竹安，"文化大革命"前曾任驻保加利亚大使。他原为长沙周南女中教员，后来成为夏明翰的同志和挚友。夏明翰牺牲前一天，他们还碰过面。他很了解夏明翰，曾先后写诗四首颂扬夏明翰，郑家均记得其中的一首这样写道：

访旧来迟思更深，湘春门外夕阳红。
英雄长使成追忆，留得千秋一壮吟。
当年情景尚亦然，回忆分离卅四年。
一别竟成生死别，人间喜换别时天。

**张朴：今天中国的后来人，还要继续奋斗。要为夺取民族复兴的伟大胜利、为实现共产主义远大理想的伟大胜利，一代接一代继续努力奋斗！**

2023年3月20日，夏明翰外孙张朴在湖北秭归举办的高校马克思主义学院"新时代'大思政课'实践教学基地建设研讨会暨夏明翰事迹宣讲报告会"上，谈到第一代共产党人信仰坚定时说：

《就义诗》中写道："砍头不要紧，只要主义真。"充分展现了我们党第一代共产党人坚定的信念。那个时候党员对马克思主义的学习，对主义的认识，没有今天这么好的条件。既没有系统的马克思主义经典著作，又处在激烈斗争的动荡环境之中，没有党校，更没有人讲授……而那一代人信念却如此坚定，为了主义视死如归。我认为那一代共产党人信仰坚定，有深刻的历史缘由：

一是20世纪初的中国极贫极弱，社会黑暗、民不聊生，面对帝国主义列强的侵略与瓜分，腐朽政府只能不断地签订各种丧权辱国的条约。国家、民族、社会前程黑暗，人民没有出路，青年也没有出路。

二是中国历史上，有志青年大都受中国传统文化"天下兴亡，匹夫有责""先天下之忧而忧"等思想的熏陶。人生自古谁无死，为了江山社稷、黎民安危，留取丹心照汗青。夏明翰出生在秭归，屈原上下求索的精神与情怀，无疑是父母对他的必有之教，秭归深厚的中华文明积淀，无疑对他日后价值观的形成产生影响。总之，面对国家的衰败，社会的黑暗，人民的苦难，中国的有志青年在苦苦寻求救国救民之道。

三是1917年俄国爆发十月革命，1920年陈望道翻译《共产党宣言》，马克思主义传入中国。正如毛泽东同志所言："十月革命一声炮响，给我们送来了马克思列宁主义。"中国的进步青年，坚定地站在历史的潮头，接受马克思主义的洗礼，成为坚定的马克思主义者。

我认为，当时社会极致的黑暗、青年的苦苦求索、马克思主义真理的出现，这三个方面历史状况的交汇与交融（而不是其中的一个方面），决定了第一代共产党人信念坚定的基础。

**杨胜群：夏明翰精神是中华民族精神与共产主义精神的完美结合，其核心就是为真理而献身的共产主义者的精神。**

原中央文献研究室副主任杨胜群谈"夏明翰精神"：

中华民族是一个崇尚道德精神，尊重道德精神典范的民族，但是在历史上是很少用某一个人物作代表来概括并命名某种思想道德或精神风尚的。……夏明翰确实不愧为近代以来中华民族和中国共产党人崇高的精神典范。他是那个时代中华民族先进分子的突出代表，是那个时期优秀中国共产党人的突出代表。夏明翰精神，是中华民族精神与共产主义精神的完美结合，具有独特的深刻的内涵，其核心就是为真理而献身的共产主义者的精神，以自己的牺牲烛照和启迪后人的先驱者的精神。①

**龚育之：夏明翰的"就义诗"，概括了夏明翰精神的全部。**

著名党史专家、理论家龚育之在夏明翰诞生105周年时发表《夏明翰精神不朽》一文，对夏明翰精神的内涵及意义作了精辟的论述：

夏明翰的"就义诗"，概括了夏明翰精神的全部。这精神就是，对"主义"的坚信。为着那代表真理、正义和历史规律的"主义"，先进的人们愿付任何的代价，甚至我们的头颅。这精神就是，对"后来人"的坚信。一个人倒下去，千万个人站起来。追求真理的后来者必定会继承前行者未竟的事业，使之达到胜利的目的。

为了实现先烈们为之奋斗的"主义"，为了完全弄清楚这"主义"是什么和怎样去建设，为了使人们对这"主义"的理解和实践能够与时俱进，后来人还需要在历史的进程中继续学习和发扬夏明翰那种坚定信念、为实现科学信念而奋斗牺牲、对未来满怀信心的伟大精神！

---

① 杨胜群：《夏明翰精神的价值——兼谈中国革命的价值》，载《毛泽东一代人生事业丛谈》，北京三联书店，2013，第361—367页。

# 后　记

夏明翰烈士及其一家，是中国革命历史的传奇，是红色文化的史诗。用原始档案与文字解读相融合的形式，充分展示先烈一家投身反帝反封建的英雄壮歌，对于激励后人坚定理想信念，投身中国式现代化建设波澜壮阔的新征程，具有十分重要的意义。

正是带着这样一份情怀、一份担当，历时半年，我们追寻夏明翰一家烈士革命的足迹，走访了30多位烈士亲人、朋友、同事的后代，查阅了1000多份档案资料，拍摄了300多张照片。一次次热泪奔涌，一次次激情澎湃，化作了我们全力投入此书写作的动力。几经集思广益，几经修改完善，终于拿出了12万多字、100多幅档案图片的书稿，经过多位专家的修改润色和编委会的审定，这本书终于呈现到了读者的面前。尽管完成时间较短，还存在不足，但已经足以表达我们对英雄壮歌的抒怀，足以表达我们对烈士先贤的敬仰。

在本书的编写过程中，得到了各级领导、同仁的大力关心与支持。湖南省人民政府参事、湖南省档案馆原馆长叶建军亲自把航定向，拟定写作提纲，提出指导意见，并对初稿逐个章节进行修改完善；衡阳市档案馆原馆长、二级巡视员侯健康耗费大量心血，起草了全书的主要文稿，并反复进行修改，数易其稿；湖南省档案馆编研展览部庄劲旅、谭奕星多次提出修改意见，做了大量联络协调工作；衡阳市湘南学联纪念馆馆长伍莉兰，衡阳县档案馆馆长王孝平、副馆长欧和平，衡阳县夏明翰烈士纪念馆馆长刘娜等同志，为本书的编写提供了丰富的档案资料，对本书的写作提出了中肯的意见；邹金岑、侯新安协助查找了档案资料，拍摄了许多照片，整理了全书文稿，付出了辛勤的劳动；本书的责任编辑逐字逐句阅看全书，进行修改，让我们十分感动。在此，谨向各位领导、同仁和编辑，表示最诚挚的感谢！

由于夏明翰及其一家烈士牺牲较早，加之衡阳直至新中国建立前夕都是国民党统治的白区，烈士档案资料保存甚少，此书的写作难免存在不当之处，敬请读者朋友批评指正。

烈士远去，光耀千秋。让我们将对红色血脉的崇敬，化作国家现代化建设的伟力，砥砺前行，再立新功！

本书编委会
2024 年 10 月

图书在版编目（CIP）数据

夏明翰一家五烈士 / 叶建军主编；侯健康著 .-- 长沙 : 岳麓书社，2024.10.--ISBN 978-7-5538-2187-0

Ⅰ . K827=6

中国国家版本馆 CIP 数据核字第 20243UQ517 号


XIA MINGHAN YIJIA WU LIESHI
夏明翰一家五烈士

湖南省档案馆　编

叶建军　主编

侯健康　著

责任编辑：刘书乔　冯文丹

责任校对：舒　舍

装帧设计：山与水视觉设计


岳麓书社出版发行

地址：湖南省长沙市爱民路 47 号

邮编：410006


印次：2024 年 10 月第 1 版

版次：2024 年 10 月第 1 次印刷

开本：710mm×1000mm　1/16

印张：13.5

字数：190 千字

书号：ISBN 978-7-5538-2187-0

定价：68.00 元


承印：湖南省日大彩色印务有限公司


如有印装质量问题，请与本社印务部联系

电话：0731-88884129